# Protéger son domicile

**DU MÊME AUTEUR**
**aux Éditions Bussière**

**Comment utiliser le pendule**
exercices et applications

**Comment utiliser les aimants**
et soulager ses douleurs

**Comment magnétiser**


ISBN : 978-285090-269-7

**Robert CONTE**

# Protéger son domicile

*Les dessins sont de Patricia et de l'auteur*

Éditions Bussière
34, rue Saint-Jacques
75005 PARIS

*AU PROGRAMME*

## *Avertissement au lecteur*

Il y a deux façons d'expliquer comment on peut protéger son domicile :

1) En donnant des directives catégoriques, sans les documenter ni justifier de choix, et sans laisser la moindre alternative :

*Il faut se contenter de découvrir et se garder d'expliquer.* G. Braque.

2) En étudiant tous les paramètres ; en les décortiquant pour en comparer les qualités et les défauts et en confier l'initiative :

*Il faut que le disciple ait le cœur grand et courageux. Le fardeau est lourd et le voyage est long.* Confucius.

J'ai choisi la deuxième pour vous éclairer.

*Les conseils de Mesdames Anne-Laure Le Lidec et Marie-France Jégou m'ont été très utiles ; qu'elles en soient ici mille fois remerciées.*

*L'auteur.*

# 1 - Notre domicile et nous

***Nos domiciles :***

Individuelles ou collectives, tours de banlieue ou châteaux de la Loire, yourtes d'Asie ou igloos d'Esquimaux, cabanons de pêcheurs ou palais des mille et une nuits, burons de bergers ou isbas des toundras sibériennes, studios d'étudiants ou lofts vastes comme des hangars à bateaux, résidences princières, troglodytiques ou cabanes de bambou, les habitations, sous toutes leurs formes, ont un point commun : ce sont nos domiciles.

Nos maisons ne sont pas seulement constituées de banals cailloux empilés et reliés par de la chaux ou du ciment, recouvertes de bouts de bois et de tuiles cuites...

Chaque maison a son âme, sa personnalité et sa fantaisie ; comme ses occupants et ceux qui l'ont construite. Elle a nécessité autant de transpiration et de réflexion que de pierres, plus de passion et de chagrins que de prodigalités, moins d'esbroufe et de chiqué que de tempérament. Elle est le reflet d'une société, d'un groupe qui l'a voulue telle que la voient passer les générations.

Les êtres humains habitant une maison uniquement pour se loger n'y seront jamais tout à fait à leur aise ; ceux qui la voient comme la protection obligée les mettant à l'abri des intempéries et des regards n'y vivront pas heureux.

La maison et ses habitants forment un couple si uni qu'il est parfois indissociable ; il n'y a qu'à se pencher sur le drame des expatriés pour le deviner dans son horreur ; ils pleurent tous leur maison, si modeste soit-elle ; ils ont perdu leurs racines, leur raison d'être. Ce n'est pas un divorce, c'est une mort ; une mort lente et douloureuse.

*N'existons-nous donc plus ? Avons-nous eu notre heure ?*
*Rien ne la rendra-t-il à nos cris superflus ?*
*L'air joue avec la branche au moment où je pleure ;*
*Ma maison me regarde et ne me reconnaît plus.*

Victor Hugo

Avec un peu de chance, les uns retrouveront un nouveau toit, l'autre de nouveaux résidents ; des couples se reformeront et la vie reprendra.

Maison vient du latin *manere,* demeurer, rester.

Les maisons donnèrent très souvent leurs noms aux familles ; la ville de Montréal fut créée par Paul de *Maisonneuve*, originaire de l'Aube, dont l'ancêtre avait dû construire, en son temps, une demeure nouvelle dans son village.

Le même nom en basque se dit *Etcheberri* (de *etxe,* maison et *berri,* nouvelle), et en occitanie on les appelle *Cazeneuve* ou *Cazenave*...

Les Basques sont assidus à la coutume :

*Etchegarray* : maison d'en haut.

*Etchegoyen* : maison du sommet.

*Etchemendi* : maison de la montagne.

*Etchebarne* : maison du centre.

*Etchegorri* : maison rouge.

*Etchechurri* : maison blanche... etc.

Au Pays Basque, plus qu'ailleurs, la maison est sacrée ; si sacrée même que l'une d'elles rappelle, écrit sur son fronton par une mère reconnaissante, que son plus jeune fils partit spécialement faire fortune "aux Amériques" pour lui permettre de racheter la maison familiale.

Dans la plupart des langues on trouve, à des niveaux divers, de pareilles illustrations prouvant à quel point les anciens estimaient faire partie intégrante de leur domicile. D'ailleurs, ce dernier mot vient, lui aussi, du latin *domus,* maison.

Des exemples confirmant l'évidence :

***L'être humain et sa maison ne font qu'un et qui veut perturber celle-ci commence par celui-là.***

Sa protection est donc aussi importante que la nôtre et nous devons nous y attacher tout particulièrement ; la plupart du temps, on imagine que les serrures inviolables, les alarmes électroniques avec caméras infrarouge, le blindage des issues, les extincteurs sophistiqués, ou le passage régulier de vigiles assermentés suffisent.

Chimère, mirage et illusion !

C'est comme sortir avec un gilet pare-balles ; il met à l'abri d'un hypothétique coup de feu, mais pas des aléas courants de la vie ; inutile contre la chute d'une tuile, le venin du serpent, le trou du trottoir ou l'endémie de peste noire.

Le domicile doit être protégé contre la diffusion ***d'ondes négatives.***

Nous allons donc apprendre à refaire les gestes d'autrefois sans creuser des fossés, construire des tours, des contreforts, des mâchicoulis, voire des meurtrières. Une maison se protège ***de l'intérieur*** et par des moyens adaptés.

Mais sera-ce suffisant ? Que devenons-nous si l'attaque vise directement notre organisme ?

Quelle partie protéger ?

*Nous :*

Protéger la maison serait superflu si la santé du corps était négligée ; nous disposons d'éléments que la médecine n'a pas l'habitude de soigner et sur lesquels un "bouclier" est nécessaire :

***Le chakra*** (ou *shakra*) **:**

Mot oriental désignant les réseaux de nerfs à forte densité correspondant aux *plexus,* bien connus des utilisateurs d'aimants thérapeutiques.

Nous avons 7 *chakras* répartis de haut en bas du corps, évoqués par le sigle * dans le dessin :

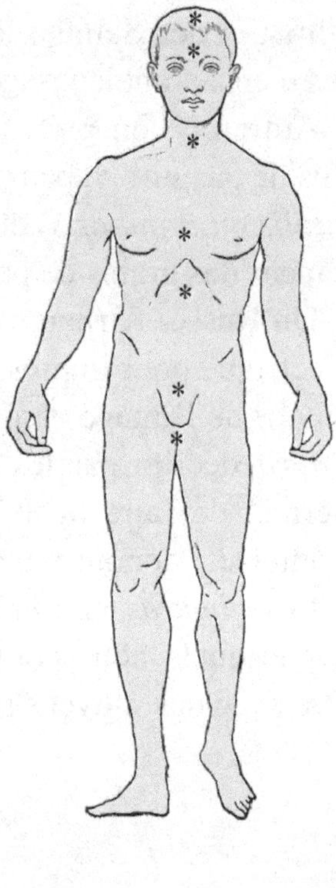

**1** - le *crânien*, tout au sommet du crâne ;

**2** - le *frontal*, ou *3e œil*, entre les deux yeux ;

**3** - de la *gorge*, sous la pomme d'Adam ;

**4** - du *cœur*, entre les seins ;

**5** - le *solaire*, sous le sternum ;

**6** - le *sacré*, juste au dessus du sexe ;

**7** - le *racine*, entre les fesses, sur l'anus.

***L'aura*** (mot latin : *souffle*) **:**

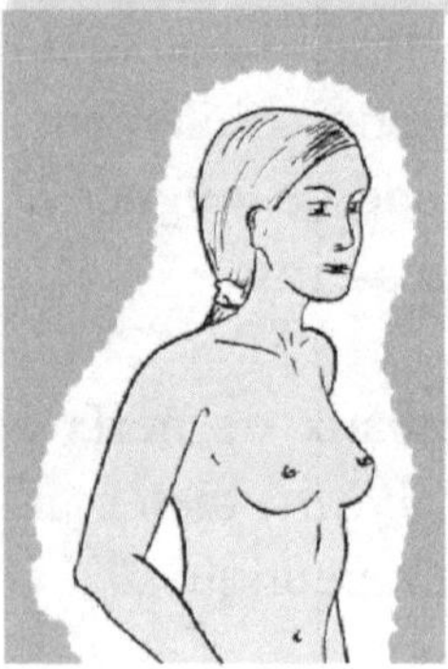

C'est une espèce de halo luminescent enveloppant le corps et "visible" des seuls initiés, les médiums.

Sa couleur varierait suivant l'état spirituel de celui dont elle émane et elle s'éteindrait à sa mort. Détaillons bien un tableau où sont représentés le Christ et des Saints : les artistes leur ont mis une *aura* encadrant le visage, que l'auréole souligne.

Autrefois, on prétendait que la fécondation se faisait par une vapeur émanant du sperme (*aura vitalis* ou *seminaris*) et celle des végétaux par une vapeur des grains de pollen (*aura pollinaris*).

Un Russe, Kirlian, mit sa main dans un champ électrique pour impressionner une plaque sensible autour de l'image et affirma avoir obtenu celle de l'*aura* décrite par les médiums. Son importance permet de faire un bilan de santé car sa baisse d'intensité annonce une perturbation évidente.

Les ***chakras*** et l'***aura*** sont les deux éléments sur lesquels nous pouvons agir pour notre bien-être avec des moyens simples.

## 2 - Détecter les ondes négatives

Avant d'agir, il faut savoir si ce sera nécessaire.

Notre vie n'est pas un long fleuve tranquille et beaucoup de signes externes et internes veillent en gardiens du temple ; nous sommes prévenus si la machine humaine a des anomalies invisibles dont elle pourrait souffrir à long ou moyen terme.

Physiquement, notre système récepteur des 5 sens (goût, odorat, ouïe, toucher, vue) est alerté et nous savons le reconnaître.

Le moral, en tant qu'aptitude à supporter ou à affronter plus ou moins bien les problèmes, les difficultés, est plus difficile à cerner parce que sa réaction n'est perceptible qu'à long terme, quand la maladie est installée.

Les ***ondes négatives*** s'en prennent uniquement au deuxième groupe et sont ardues à détecter.

## Les signes qui ne trompent pas :

### 1 - La qualité du sommeil :

État psychologique typique d'une cessation de la vigilance et de l'activité musculaire, du ralentissement de la circulation sanguine et de la respiration, et par l'activité onirique (les rêves).

Contrairement au coma ou à l'hypnose, il s'interrompt au bruit et aux secousses...

La durée du sommeil en 24 heures passe de 18 chez le nourrisson à 8 environ chez l'adulte pour se réduire à 6 à un âge avancé. Un humain de 75 ans aura donc passé 25 ans de sa vie à dormir !

L'Histoire prétend que Napoléon 1^er^ dormait 4 heures sur 24 ; dans son lit, oui ; mais on oublie d'ajouter qu'il sommeillait aussi sur son cheval en surveillant malgré tout ses troupes ! L'absence de sommeil conduit fatalement à la mort.

Il se définit en 4 phases lentes de profondeur croissante, suivies par un état dit *paradoxal,* qui est la phase du sommeil correspondant aux périodes de rêve, et où se produisent des mouvements oculaires rapides. C'est *paradoxalement* le stade le plus profond, mais pas le plus réparateur.

Une nuit de sommeil normal demande 4 ou 5 cycles complets et on se réveille, si rien ne vient l'interrompre, après le cycle *paradoxal*.

**L'insomnie :**

Première manifestation pouvant être provoquée par des *ondes négatives*. Quand elles sont occasionnelles, il n'y a pas lieu de s'en préoccuper

Si une grande difficulté à s'endormir est constatée au début de chaque nuit, la dette de sommeil ira en s'accumulant et le dynamisme vital en sera réduit d'autant, pouvant, à la longue, s'avérer très dangereux dans une activité professionnelle.

En cas de durée et de répétition habituelles et régulières, surtout entre 3 et 4 heures du matin, ce qui est le moment du pôle maximal de l'anxiété, et en l'absence d'une autre maladie chronique, on peut conclure que le sujet est certainement atteint de dépression, d'anxiété ou de mélancolie.

Le signe d'un désordre sérieux.

**Le cauchemar :**

Du picard *cauchier,* presser, et du néerlandais *mare,* fantôme... C'est très explicite.

Rêve éprouvant dont l'élément fondamental est l'angoisse, avec sensation d'étouffement.

Chez l'enfant, les cauchemars accompagnés de terreurs nocturnes sont fréquents, mais il les aura souvent oubliés au réveil.

Chez l'adulte, les cauchemars à répétition sont la manifestation d'un état nerveux fragilisé et témoignent de perturbations affectives.

Ils peuvent précéder ou suivre une insomnie en la rendant encore plus pénible à supporter.

Un autre signe très clair.

En attendant que la cause des insomnies ou des cauchemars soit déterminée et éliminée, on peut réparer le sommeil par un moyen simple : la pose d'un aimant sur le front (cf : ***Comment utiliser les aimants,*** du même auteur).

**2 - La fatigue chronique :**

Ou *asthénie* : du grec *a,* sans, et *sthenos*, force.

Le sommeil répare d'une fatigue normale, alors qu'une trop grande fatigue provoque l'insomnie.

L'*asthénie* se ressent comme un affaiblissement anormal apparaissant dès le réveil. On ne peut la confondre avec la fatigue normale parce qu'il est question du domaine psychologique, moralement très pénible et ne dépendant pas d'un effort réel.

N'ayant pas de cause physique, elle ne disparaît pas avec le repos et se manifeste donc dans des états névrotiques prononcés.

Les conflits familiaux ou professionnels peuvent en être les déclencheurs et il faudra en tenir compte comme d'un signe puissant.

## 3 - Maladies nerveuses :

*Hystérie* : du grec *usterikos,* utérus, parce que la maladie était autrefois liée à un accès d'érotisme féminin ; il est maintenant convenu qu'elle touche aussi bien les hommes. Névrose s'exprimant par des manifestations physiques de conflits affectifs et inconscients. Les *crises de nerfs,* avec pleurs et syncopes, parfois contractures, paralysies, cécité, surdité, douleurs viscérales ou cardiaques, en sont les plus fréquents indices. Ces troubles ne sont pas d'origine organique.

*Neurasthénie* : de *neuro,* nerf et *asthénie.*

Grande fatigue de cause nerveuse, accompagnée de troubles psychiques (angoisse, insomnie), cardiovasculaires, digestifs, sexuels, endocriniens, et des douleurs diverses (céphalée, courbature).

À rapprocher de l'*asthénie* (ci-dessus) dont elle conserve les effets secondaires.

## 4 - Incubes, succubes, esprits frappeurs :

*Incube* (latin *cubare,* coucher) : démon masculin abusant d'une femme pendant son sommeil.

*Succube* : l'équivalent féminin.

On disait autrefois qu'ils étaient le résultat d'un besoin physique inassouvi. De nos jours, on leur préfère l'explication émotionnelle et affective qui rejoint les précédentes.

*Esprit frappeur* : âme d'un défunt qui, dans les séances de spiritisme (*typtologie*), se manifeste en frappant des coups sur les murs ou les meubles. Il peut aussi s'exprimer par des déplacements de meubles ou d'objets et des coups frappés dans la maison ; la *hantise* (du francique *heimta,* habiter) s'installe en habitant l'esprit de la victime pour la gêner et la tourmenter. C'est le *maléfice* type (du latin *maleficium,* méfait).

## 5 - Nuisances sonores :

Ici, théoriquement, l'origine ne fait aucun doute, elle est facile à déterminer : le moteur qui vrombit, la portière qui claque, les discussions sur le palier, la machine à laver du dessus, la télé du dessous ou le téléphone qui sonne en pleine nuit sont autant de nuisances dont on croit connaître les auteurs.

Ce n'est pourtant pas si facile. Ces gens le font la plupart du temps inconsciemment ; on ne peut incriminer que la mauvaise éducation et l'égoïsme. Il faudrait chercher l'incitateur dans une sphère plus proche ; qui s'évertue à nuire ainsi ?

## 6 - Inconfort, envie d'être ailleurs :

L'inconfort intellectuel est le mal-être de celui qui ne se sent pas reconnu par ses proches ; il est mal dans la société et n'y trouve pas sa place.

De l'*Être ou ne pas être* de Shakespeare, au *Je pense donc je suis* de Descartes, deux manières de voir la même chose, une question irrésolue et une affirmation frôlant l'autosuggestion.

Nous avons besoin de nous rassurer, ne serait-ce que pour prouver notre existence ; excepté si cela devenait une obsession. Dans ce cas, il faut envisager le pire, une action extérieure.

**7 - Malchance répétitive :**

Qu'on l'appelle adversité, déveine, scoumoune, guigne, poisse, malédiction, malheur, mésaventure ou tuile, la malchance touche souvent les mêmes.

Ceux sur lesquels le mauvais œil s'est posé...

**8 - Amis qui s'éloignent :**

Les victimes sont encore une fois identiques.

*Que sont mes amis devenus,*
*Que j'avais de si près tenus ?* Rutebeuf (XIIIe s.)

Une question restant souvent sans réponse si le responsable de cette défection ne réalise pas que son inconscience et sa versatilité pouvaient faire décamper ses amis. L'amitié est aussi fragile que l'amour et il faut parfois peu de chose pour la voir disparaître. Il faut donc bien peser le pour et le contre avant de conclure à une action étrangère, l'erreur étant pire que le mal.

### 9 - Brouilles familiales à répétition :

Frères et sœurs, cousins et cousines ont parfois le comportement des chiens avec les chats, bien que ceux-ci ne se détestent pas autant qu'on veut bien le dire. S'il n'existe aucun litige sérieux à la base (succession, amour défendu, etc...) et que les brouilles reviennent perpétuellement, la cause est à chercher en dehors du cercle familial.

### 10 - Voisinage agressif :

Aucune erreur n'a été commise à l'encontre des voisins, à priori rien ne peut nous être reproché, et pourtant la guéguerre continue : dernier signe distinctif d'une mauvaise intention.

Si vous êtes victime de ces anomalies provenant essentiellement d'*ondes négatives*, vous pouvez vous en défendre et les réduire à néant.

C'est le but des pages qui suivent.

## 3 - Le pendule pour évaluer votre habitat

Si vous ne savez pas vous en servir, le livre que j'ai écrit : *Comment utiliser le pendule,* chez le même éditeur, vous sera indispensable car on ne peut s'improviser *radiesthésiste* de but en blanc.

On peut tout demander à un pendule, à condition de savoir lui poser les questions puisqu'il ne répond que par *oui* ou par *non*.

Quand vous serez enfin accoutumé (il faudra de la persévérance) à sa délicate manipulation, après que vous aurez déterminé une fois pour toutes vos *conventions mentales* (le sens de sa rotation dans lequel il répondra *oui* ou *non*), lorsque votre *concentration* sera au top, alors vous pourrez lui poser les questions adéquates.

Le *pendule* est l'outil de la *radiesthésie* (latin *radi,* rayon et grec *aisthêsis,* sensation).

C'est la sensibilité aux radiations diffusées par divers corps, animés ou inanimés, et le procédé de divination de cette sensibilité par l'intermédiaire d'un objet (le *pendule*) ; en effet, nos 5 sens (ouïe, odorat, toucher, vue, goût) sont incapables de se manifester en désignant les sensations reçues par notre corps ; le *pendule* compense cette carence et fait bras de levier en décuplant cette sensation.

L'abbé Mermet, surnommé *prince des sourciers* par les connaisseurs des années 1930, découvrit une série de galeries dans les grottes de Cougnac.

Un journaliste enthousiaste écrivait :

*Celui qui ne l'a pas vu passer, à grands pas, la soutane en bataille, l'œil triomphant, le pendule de sourcier balancé à bout de bras tel un encensoir, à la recherche de sources ou de trésors, n'a rien vu... C'est grâce à lui que l'art mystérieux du sourcier intéresse la science officielle...*

Conscient des critiques et de la méfiance qu'inspirait encore son art, l'abbé en déduisait :

— *En radiesthésie, les uns trouvent les objets, les autres inventent les explications...*

Des années de pratique lui furent nécessaires ; pour découvrir les *ondes négatives,* il suffira d'un entraînement un peu poussé...

Votre premier souci sera de découvrir si vous et votre maison êtes victimes d'un *envoûtement* (du francique *voult,* image, visage) ; c'est l'évocation d'une personne par une figurine de cire, de terre glaise ou de tissus, afin de lui faire subir l'effet magique des invocations qu'on prononce et des attaques qu'on porte en piquant des aiguilles dans la figurine, en la frappant, voire en la brûlant.

Ceci nous amène à la *sorcellerie* et aux *sorciers* (latin *sortiarius,* sort) qui seraient, d'après d'éminents spécialistes du XIXe siècle, les créations de la justice des XIVe et XVe trop expéditive dans ses condamnations au bûcher ; en agissant ainsi, elle aurait accrédité la croyance en la *sorcellerie* dans le peuple ; sans son action hyper efficace, la *sorcellerie* serait donc restée ignorée ? On peut à la fois en douter et le regretter.

Pour savoir si on est victime d'un tel maléfice, quelques questions sont à poser au pendule :

— *Ma maison est-elle frappée par des ondes négatives ?*

— *Suis-je envoûté ?*

— *Mon domicile est-il envoûté ?*

— *A-t-on lancé un maléfice sur moi ?*

— *Quelqu'un de mal intentionné aurait-il jeté un sort sur ma résidence ?*

— *Ma nervosité est-elle due à un envoûtement ?*

Ce ne sont que des exemples généraux, chacun trouvera d'autres questions plus personnelles et mieux adaptées à son cas, les malfaisants ayant de l'imagination... Sans oublier que la jalousie en est la meilleure pourvoyeuse.

*Plus grande est notre fortune, plus sombre est notre sort.*

Robert Desnos

Éviter d'en poser certaines tendant à déterminer le nom du responsable, du genre :

— *Untel est-il mon envoûteur ?*

Il ne vous répondrait pas ou, s'il le faisait, vous pourriez en tirer des conclusions hâtives en cas de mauvaise interprétation, les interrogations trop précises prêtant à confusion.

Quand vous aurez les réponses, vous pourrez agir pour contrer les maléfices en suivant les idées de *désenvoûtement* décrites ci-après.

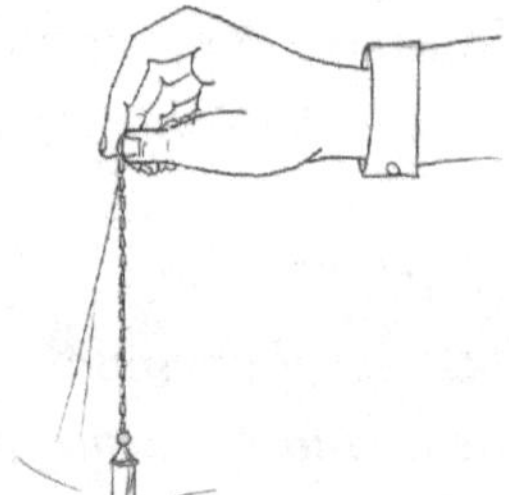

## 4 - Les protections profanes

Si le soldat ne peut éviter les balles ennemies, il dispose de quelques puissantes protections lui permettant d'en réchapper parfois : le casque et le gilet pare-balles. Et il doit s'en contenter.

Pour ce qui concerne les envoûtements et autres manœuvres malfaisantes concertées ou non, les éviter est improbable ; plutôt que nous apitoyer sur notre sort, nous chercherons à nous protéger avec les divers moyens disponibles.

Nos ancêtres nous en ont livré tout un arsenal.

***Les meilleures armes étant sélectionnées ici, chacun y trouvera celle qui lui conviendra pour la défense et la sûreté de son habitation.***

## Le sel

Sa portée est dogmatique depuis que le monde existe ; Dieu avait ordonné à Moïse :

*Tout ce que tu offriras en oblation sera salé ; tu ne laisseras pas le sel de l'alliance de ton Dieu manquer à ton oblation ; sur toutes tes offrandes, tu offriras du sel.* (Lévitique II, 13)

L'*oblation* est l'offrande à Dieu. L'*offertoire* est l'ensemble des rites et des prières (*oblats*) accompagnant la bénédiction du pain et du vin.

L'Église chrétienne en a toujours fait usage dans le sacrement du baptême et dans la consécration de l'eau bénite. Quand il baptise un enfant, le prêtre lui met quelques grains de sel bénit dans la bouche en demandant que le nouveau chrétien soit préservé de la corruption du péché, qu'il pratique la véritable sagesse, qu'il soit nourri d'aliments divins, fortifié par la grâce et conservé pour la vie éternelle. Le sel dont on se sert pour l'eau bénite est consacré par l'exorcisme et la prière. Bénit et mêlé à l'eau, il doit purifier l'eau de tout ce qui peut nuire aux hommes et aux animaux et briser la puissance de Satan, afin que ceux qui useront de cette eau mêlée à ce sel consacré jouissent de la santé du corps et de l'esprit.

Jésus Christ a usé d'une jolie métaphore pour faire comprendre aux apôtres que la conservation spirituelle était en eux :

*Vous êtes le sel de la terre.* (St Matthieu V, 13)

Grecs et Romains considéraient le sel comme la plus belle offrande à faire aux dieux ; il était aussi le symbole de l'amitié, de la finesse, de la grâce et de la gaieté. Jusqu'à la Révolution, l'emploi du sel fut sans cesse entravé par le fisc (*gabelle*) qui se servait de cet engouement pour ses finances.

Nous voyons ainsi l'importance du sel dans la croyance populaire, presque toutes les religions en ayant développé la portée spirituelle.

Son importance matérielle l'est tout autant.

En langage chimique, *chlorure de sodium.*

Nous n'allons pas refaire l'historique du sel, ce serait long et fastidieux et tout le monde connaît son origine, ses systèmes de production, etc...

L'adulte en absorbe en moyenne, sous diverses formes, environ 20 grammes par jour ; c'est l'un des ingrédients les plus répandus sur terre.

Pour en revenir à son efficacité spirituelle, vous l'utiliserez comme *purificateur* ; il deviendra ainsi une sauvegarde contre les *ondes négatives,* une espèce de bouclier les faisant transiter au dehors de vous et de votre maison.

L'influx mental sera projeté ailleurs.

Son emploi a l'avantage de la simplicité, mais ce n'est pas sur sa rémanence (dont l'effet persiste après que la cause ait disparu), qu'il faut compter pour une assistance continue.

Pour l'obtenir, voici ce qu'il faut faire :

***Dans le domicile :***

**1)** Acheter 4 kilos de gros sel de mer ;

**2)** le lin étant l'ancêtre des textiles, sa composition s'harmonisera parfaitement au genre d'opération que nous voulons mener et vous achèterez un métrage de toile (ou de tricot) pour fabriquer des petits sacs ; le synthétique est à proscrire ;

**3)** avec cette toile de lin, vous confectionnerez autant de sacs de 10 x 10 cm (fini) que la maison a d'ouvertures donnant sur l'extérieur, étages et cheminées compris ; dans le modèle qui suit, 0,5 $m^2$ suffiront, sachant qu'un sac égale 200 $cm^2$ et 1 $m^2$ égale 50 sacs ; une ficelle pourvoiera à leur fermeture ;

**4)** peser, sur une balance de cuisine, à peu près 150 grammes de gros sel ;

**5)** les verser dans chacun des petits sacs, puis fermer le plus serré possible avec la ficelle, pas une bestiole ne devant y pénétrer.

**6)** placer un sac devant toutes les ouvertures et les cheminées du logement...

*rez de chaussée* *étage*

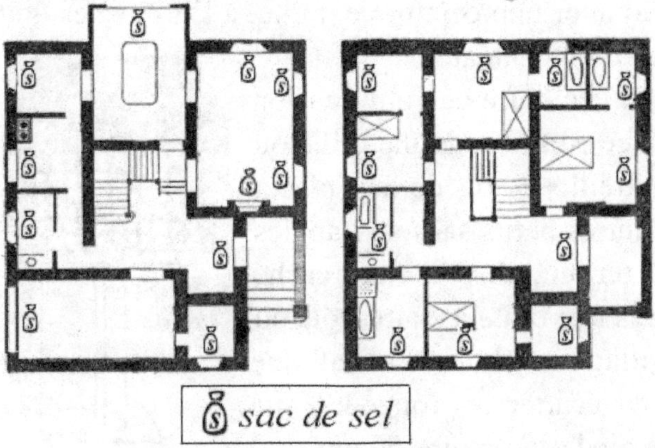


Dans l'exemple ci-dessus (les sacs ne sont pas à l'échelle, sinon on ne les verrait pas) nous avons utilisé 11 sacs au rez de chaussée et 11 à l'étage, soit 22 au total, qui protègent dorénavant toutes les issues de la maison.

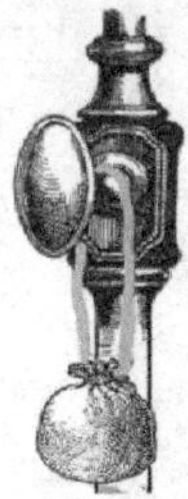

Autant que possible, ne pas laisser les sacs sur le sol où ils s'abîmeraient vite ou seraient à la portée d'une souris ; on peut les suspendre aux poignées ou crémones ; pour une cheminée, le suspendre à un chenêt quand elle est éteinte, et le poser à terre quand on l'allume. Sur une porte, planter un clou au milieu, ce sera un élément décoratif.

Pas une *onde négative* ne doit dorénavant pénétrer votre intérieur ; toutefois, deux précautions valant mieux qu'une, il sera sans doute prudent d'ajouter une ceinture externe, à l'instar des douves d'un château...

Si la clôture de votre maison est constituée par une grille ou un treillis de fils de fer : placer d'autres petits sacs aux angles du terrain, chacun étant caché dans une boîte à claire-voie ou grillagée, en bois ou métallique pour écarter les rongeurs, sur un pied d'au moins 50 cm.

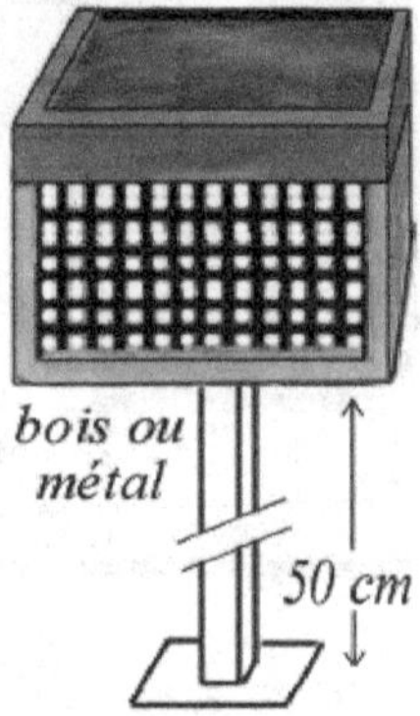

Si elle est ceinturée par un mur, on peut intégrer une boîte identique, grillagée du côté de la maison, dans une niche aménagée au milieu de la maçonnerie. La même installation sera nécessaire sur un des piliers du portail. Et dans tous les cas, il faut prévoir un accès facile aux sacs de sel, ne serait-ce que pour leur renouvellement qui peut être fréquent suivant l'hygrométrie qui varie avec les saisons. Avec une telle protection, vous devrez vous sentir déjà mieux...

***Pour la famille :***

Chacun, à titre individuel, a aussi besoin de se sentir protégé. Voici une bonne méthode :

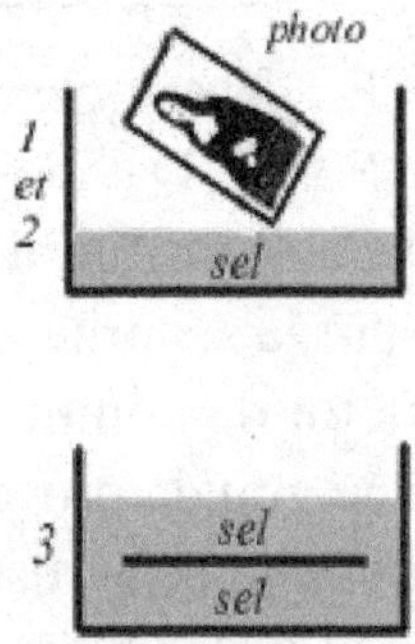


**1**) Dans un pot de terre cuite, de faïence ou de porcelaine, répartir sur le fond une épaisseur de un centimètre de gros sel ;

**2**) poser directement dessus une photo de la personne à protéger, face en haut ;

**3**) verser un autre centimètre de sel sur la photo ;

**4**) laisser ainsi tout le temps que vous voudrez, des jours, des semaines ou des mois...

Lorsque vous désirez arrêter le processus, vous pouvez récupérer la photo, mais jetez le sel.

***La lampe en cristal de sel :***

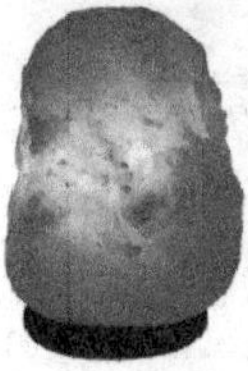

Contre les *ions positifs* dégagés par les appareils électriques et électroniques qui épuisent l'organisme, le *sel gemme* dont est constituée la lampe produit les *ions négatifs* rendant l'atmosphère plus sereine et facile à vivre ; finis les cauchemars et les crises de nerfs ; vive la sérénité.

La *lampe en cristal de sel* fera partir les *ondes négatives*, elle vaincra le stress et l'insomnie.

## Le sceau de Salomon

En hébreu, *Salomon* signifie *le Pacifique*.

Fils de David et de Bethsabée, né vers 970 avant J.C., il profite d'un immense héritage dont il assure la sécurité en renforçant son armée, crée une flotte de commerce apportant au peuple hébreux une grande prospérité. Il construit, entre autres, le Temple de Jérusalem, et est réputé pour avoir demandé à Dieu de lui donner la sagesse. Un jour où il rendait la justice, deux femmes se présentent en disant avoir mis au monde un enfant chacune, mais, un d'eux étant mort, elles réclamaient toutes deux le survivant comme le sien.

*Le jugement de Salomon, d'après Louis de Boulogne, dit Le Jeune*

Salomon appela un garde et lui ordonna de partager l'enfant et d'en donner la moitié à chacune. Une des femmes préféra l'enfant vivant chez son ennemie, alors que la seconde acceptait le partage. Salomon décida : *Donne l'enfant à la première, seule une mère peut parler ainsi !* C'est depuis cette scène qu'on évoque *le Jugement de Salomon* comme étant une preuve de grande sagesse.

Seule compte la gloire d'Israël dont le faste est à la mesure des ambitions royales. Pour être sûr de régner seul, il fait exécuter son frère Adoniah qui conspirait. Il finit par oublier toute retenue, traite son peuple durement, épouse la fille du pharaon d'Égypte, mais se compose un harem avec une multitude de femmes étrangères...

Et il meurt subitement après 40 ans de règne.

Il avait composé des sentences, des poésies, de la musique ; on lui doit : le *Livre des Proverbes, l'Ecclésiaste* et *le Cantique des Cantiques* de la Bible. Les 18 *Psaumes de Salomon,* composés en hébreu, n'existent que dans leur version grecque ; ils sont le témoignage de la conscience juive au Ier siècle avant J.C.

Quoique anecdotique, la personnalité du roi des Hébreux vaut la peine d'être effleurée pour mieux comprendre l'origine du *sceau.*

L'a-t-il créé lui-même ? On ne saurait l'affirmer, mais son origine paraît remonter à cette époque, étant mentionné sur d'anciens écrits hébraïques.

En tout cas, il a crée la *clavicule* (latin : *petite clef*) ouvrant les secrets de la magie.

La "tradition" dit que l'ange Gabriel lui aurait donné une bague munie d'un *sceau* asservissant les démons et *ne pouvant être brisé par aucune puissance.*

***La forme du sceau de Salomon :***

Figure géométrique à 6 branches (ou pointes) appelée couramment *hexagramme* (grec *hexa* : six). Celui-ci est formé par 2 triangles similaires inversés et enlacés dont les pointes forment comme une étoile. Son tracé est très simple : avec le compas ayant servi à tracer le

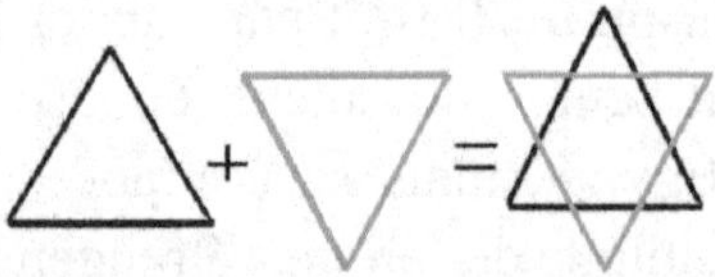

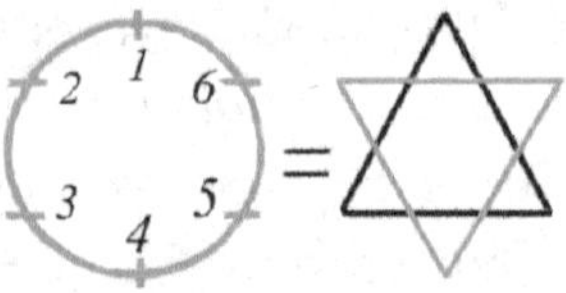


cercle, reporter le rayon sur la circonférence 6 fois en partant du haut ; relier les points obtenus un sur deux, les impairs d'abord : le 1 au 3, le 3 au 5, le 5 au 1 ; puis les pairs : le 2 au 4, le 4 au 6, le 6 au 2.

Ce n'est pas terminé, car il est nécessaire que les triangles *s'enlacent.* Pour qu'ils soient bien distincts, en faire un en 2 traits fins séparés de blanc et l'autre en un trait uni épais.

Chacun passe dessus et dessous l'autre dans un enlacement parfait. Pour aller du 1 au 3, le blanc passe d'abord *sur* le noir, puis *dessous* ; idem pour aller du 3 au 5 et du 5 au 1 ; c'est la même chose pour le noir : du 2 au 4, *dessus* et *dessous*, idem du 4 au 6 et du 6 au 2.

Vous disposez d'un vrai *sceau de Salomon.*

Abstenez-vous d'y apporter une modification, soit en inversant les passages des traits les uns sur les autres, ou en faisant couvrir totalement un triangle par l'autre, etc... À l'usage ultérieur, vous pourriez avoir de grandes déconvenues, au moins la passivité de votre *sceau,* au pire l'inverse du but recherché.

***Les dimensions :***

Ce sont celles du cercle dans lequel il a été inscrit et on détermine sa taille en traçant ce cercle.

On ne peut pas dire que certaines seront plus efficaces que d'autres, le résultat n'ayant pas forcément de relation directe avec la taille. Mais il y a un minimum et un maximum : entre 3 et 12 cm ; à 15 cm et plus, ce serait la distance entre le haut du texte et le bas de cette page, ce qui pourrait être excessif dans certains paramètres délicats.

Je pense que la taille idoine, valable pour tous les cas, sera aux alentours de 10 cm. Chacun le sent à sa convenance, mais l'excès est nuisible un peu partout ; et surtout ici.

Si vous pratiquez déjà la *radiesthésie* (voir mon livre *Comment utiliser le pendule*) vous pourrez déterminer la taille de votre *sceau* avec le pendule en fonction du problème à résoudre ; dans le cas contraire, respectez une taille raisonnable.

***La matière première et la couleur :***

Le *sceau de Salomon* était autrefois fabriqué en or ; tout le monde n'étant pas roi d'Israël, on ne vous en demandera pas tant !

*Le plus simple* : dessiné, à l'encre, sur un carton rigide blanc ; éviter les matières plastiques.

Concernant la couleur, le jaune, ou le doré, est la plus souhaitable pour le triangle que nous avons dessiné en trait plein sur le carton. Cela n'est pas une obligation, le noir et le gris lui conviennent aussi très bien, mais c'est plus authentique.

*Le plus polyvalent* : en fil de cuivre, à cause de sa couleur qui se rapproche le plus de celle de l'or. Un électricien, habitué à travailler ce métal, vous fera les petites soudures de fermeture des triangles *après les avoir enlacés.*

Un point de soudure maintiendra tout en place.

***Les cercles autour du sceau :***

On voit parfois des *sceaux de Salomon* entourés de un ou plusieurs cercles ; nous touchons là à un niveau de pratique professionnel qui n'entre pas dans notre rôle ; ceux qui s'en servent habituellement ne sont d'ailleurs pas toujours d'accord pour en délimiter l'usage : entre 1 et 6 cercles suivant le dynamisme recherché...

***Le port du sceau de Salomon :***

Si on n'a pas oublié que le *sceau de Salomon* est un *talisman* très puissant, on comprendra que des précautions doivent être prises avant de le porter sur soi en bijou ou autre parure : ne pas le joindre à d'autres *talismans* tels qu'une médaille sainte ou un *pantacle* ; gare aux étincelles !

***Son utilisation :***

Ici plus que partout ailleurs, l'usage du *pendule* sera préconisé ; en effet, le *sceau de Salomon* ne sera pas forcément adapté à tous les problèmes et il vaudra mieux s'en assurer ; pour ce faire, écrire sur un papier le but recherché et poser les questions au pendule ; imaginons qu'il s'agisse de la protection de la maison :

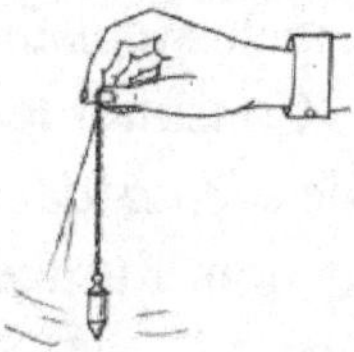

— *Le sceau de Salomon est-il adapté à la protection de ma maison contre les ondes négatives ?*

— *Me faudra-t-il plusieurs sceaux ?*

— *M'en faudra-t-il deux ? trois ? quatre ?*

— *Devrai-je les situer à l'intérieur ?*

— *Devrai-je les situer à l'extérieur ?*

— *Y-a-t-il un danger pour l'un des membres de ma famille ? pour un animal ?* etc...

Cela peut sembler compliqué, mais on ne se sert pas d'un bazooka comme d'un pistolet.

Lisez mon livre : *Comment utiliser le pendule.*

*La protection du domicile :*

Premier principe : si vous choisissez cette forme de protection, *n'en utilisez aucune autre en même temps...* Le conflit des genres pourrait se révéler pire que le mal. Deuxième principe, si vous optez pour elle, faites-le bien ; c'est à dire à fond.

*Matériel* : minimum 3 *sceaux de Salomon* en fil de cuivre, de 10 cm pour protéger les entrées sur la rue (portail et portillon) et celle de la maison.

Pour l'intérieur, autant de *sceaux* dessinés sur du carton blanc de 10 cm qu'il y a de pièces principales (cuisine, salon, s. à m., chambres, garage).

Consulter les librairies ésotériques qui disposent de *sceaux de Salomon* sur médailles ou parchemin et dont l'usage est aussi efficace.

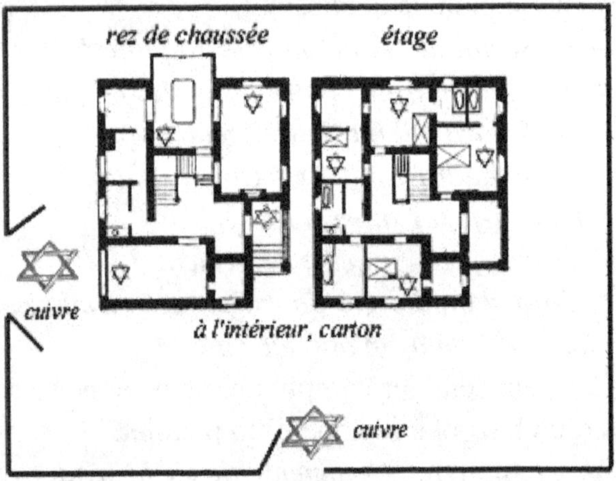

Après l'orientation des *sceaux* et munie de ce bouclier, votre maison pourra affronter le pire.

Les *sceaux* en cuivre peuvent être directement posés au sol, une pointe tournée vers le *Nord,* ou fixés verticalement sur de petits piquets, la pointe en haut ; ne pas les mettre sur une partie mobile (portail) ; les *sceaux* en carton seront posés à plat sur le sol ou dans une étagère à l'abri des regards, *la pointe blanche vers le Nord.*

***Autres protections :***

*Pour soulager un malade* : placer un *sceau de Salomon* à plat, la pointe blanche tournée vers le *Nord* ; poser dessus une photo du malade, la face vers le *sceau,* et l'y laisser 3 heures, tard le soir. Si aucune amélioration n'est constatée, retourner la photo et l'y laisser 3 heures de plus. À éviter pour ce qui se rapporte au cœur ou au cancer.

*Pour le jardin* : placer un *sceau de Salomon* sur un petit piquet, tout proche de la plante à faire prospérer, la pointe en haut ; l'y laisser le temps de voir un résultat et l'ôter pour recommencer la semaine suivante.

# Les pyramides

Pyramides

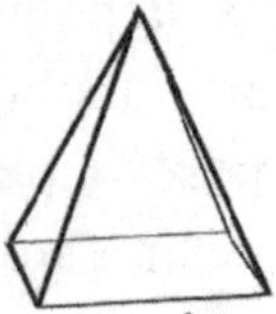

carrée

hexagonale

La *pyramide* (du grec *pyramidis*) est un solide limité par plusieurs (à partir de 3) faces se rejoignant au sommet ; la *pyramide carrée* a 4 faces, l'*hexagonale* 6, etc...
Les Anciens voyaient dans sa forme la personnification divine de la ***force éternelle.***

*Les pyramides de Gizèh*

Les hommes en construisirent partout : en Égypte, où on en compte près de 80, plus de 100 en Nubie ; il y a aussi des *pyramides* assyriennes, étrusques, mexicaines. Les 9 *pyramides de Gizeh* forment un ensemble dans lequel celle de *Kheops* est la plus grande : 147 mètres (137 aujourd'hui à cause de l'érosion), ensemble complété par le *Sphinx.*

On en trouve en Irlande, en Iran et en Inde ; sans oublier les *pyramides portatives* de 30 à 50 cm de hauteur, décorées de peintures.

Diverses légendes s'emparèrent rapidement de ces monuments, surtout ceux de *Gizeh* ; d'après une tradition juive, elles auraient servi de grenier à Joseph qui y stocka le blé pendant les 7 années d'abondance pour le revendre aux Égyptiens au cours des 7 années de disette. L'idée était bonne, mais peu probable. Les califes et les sultans ont cru à l'existence de trésors cachés dedans et l'un d'eux, al-Mamoun, au IXe siècle, entreprit de très grands travaux pour les y découvrir. Plus près de nous, Fialin de Persigny, conseiller personnel de Napoléon III, assura, dans un ouvrage sur le sujet, que ces *pyramides* étaient destinées à endiguer les flots de sable poussés par le vent du désert...

Grâce aux archéologues et à quelques pillards, on sait maintenant qu'elles étaient les tombeaux de rois égyptiens des IIIe et IVe dynasties.

Un mystère demeure sur la construction de ces splendides monuments : comment les "ouvriers" montaient-ils de si énormes blocs si haut ?

*La pyramide de Chichên Itzà - Mexique*

Au Mexique, les *pyramides* étaient le plus souvent consacrées aux divinités. On y trouve des débris de poteries ornées de figurines et de représentations divines.

Les rois d'Égypte espéraient se concilier ainsi les faveurs divines et bâtirent leurs tombeaux à la mesure de leurs fautes terrestres. C'est assez dire que la *pyramide* est, depuis des lustres, réputée un ***élément protecteur spirituel de haut niveau.***

Mais tout le monde ne peut pas en avoir une.

### *Avoir sa propre pyramide :*

L'efficacité d'une *pyramide* n'est pas due à sa taille, mais à sa *forme* ! Qu'elle soit haute de 150 mètres ou de 20 centimètres n'y change rien, sauf dans son prix de revient. Par conséquent, inutile d'appeler une entreprise spécialisée, vous allez construire la vôtre vous-même.

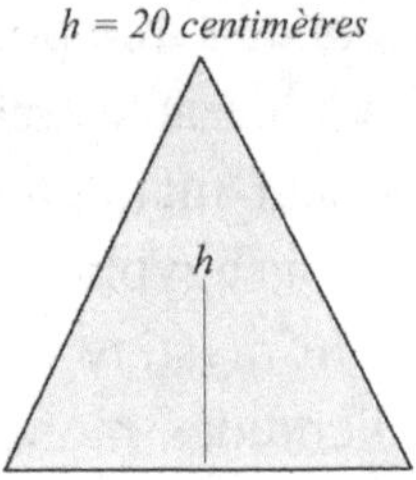


Si vous êtes un peu agile de vos mains, je vous suggère de fabriquer "votre" *pyramide* en carton : découpez, dans un carton rigide 4 triangles identiques de 20 cm de base et de hauteur ; reliez les côtés les uns aux autres pour former une *pyramide personnelle* que vous poserez, telle un chapeau chinois, sur votre crâne. Avouez que c'est craquant, on pourrait lancer la mode... *pyramidale* !

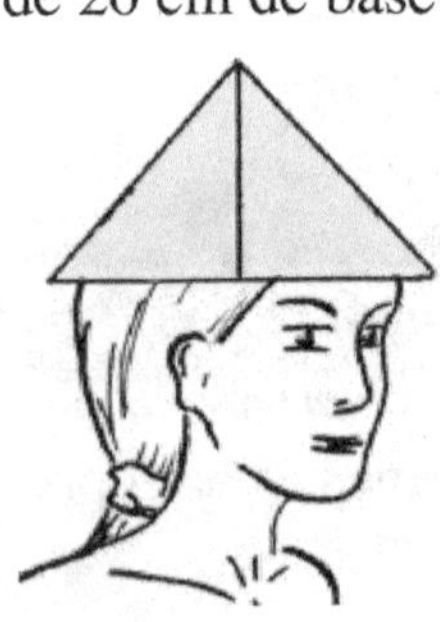

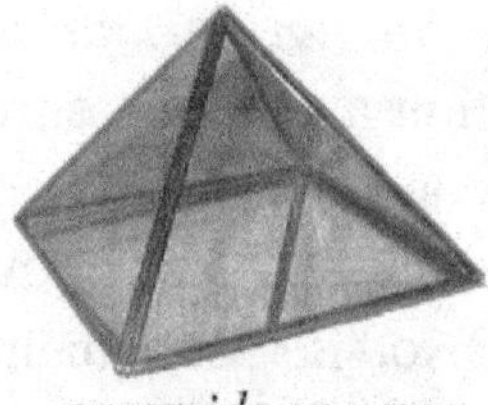

*pyramide en verre*

Si la tâche vous paraissait insurmontable, votre librairie ésotérique vous dépannera avec un choix conséquent, de la *pyramide* creuse à la pleine, en bois, en métal, en verre, en plastique. Peu importe la matière, mais il vaut mieux la choisir creuse, la base ouverte permettra de la poser sur la tête ou d'y glisser des témoins. La *pyramide carrée* (à 4 faces) doit suffire, les autres n'étant que complications superflues.

***Le pouvoir de la pyramide :***

Avant de débuter, encore faut-il être convaincu de son pouvoir ! Quelques expériences simples le démontrent :

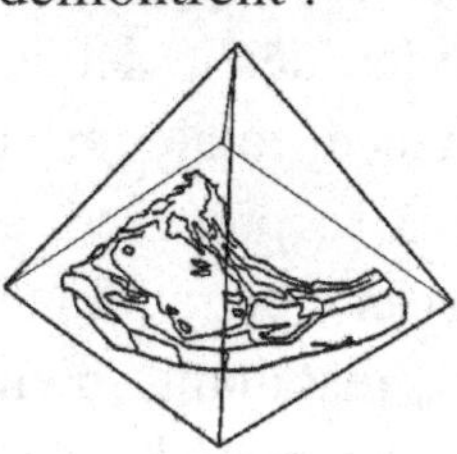

*Sur la viande :* placez un morceau de viande (pas une entrecôte entière, une boulette de 50 gr suffira) directement sous la pyramide et oubliez-la pendant une bonne semaine.

Passé ce délai, vous retrouverez votre viande séchée, momifiée. Si vous avez pris la précaution d'en conserver une autre comme témoin dans un endroit sec et à température ambiante, celle-ci, au contraire, aura commencé à se putréfier.

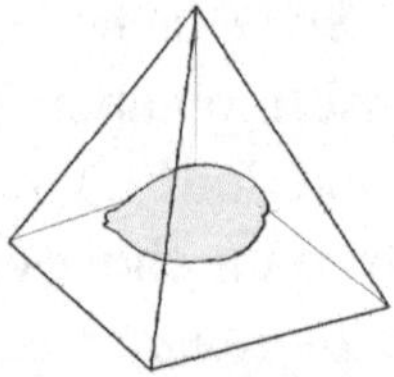

*Sur un agrume :* même opération avec deux citrons dont l'un, conservé à part, sera le témoin ; quelques jours devraient suffire à son dessèchement complet ; si vous lisez *Comment utiliser le pendule* (mêmes auteur et éditeur), vous constaterez que le résultat est identique avec une simple imposition de la main. Mais la démonstration est faite ici aussi.

### *L'adaptation à la pyramide :*

Une "intimité" devra se créer entre la *pyramide* et celui qui l'utilisera, car elle deviendra un "bien personnel" au même titre qu'un collier, une bague, un stylo de qualité ou une brosse à dents...

Le novice doit apprendre à lui accorder, dès le début, une confiance totale et à s'habituer à sa présence, à "l'apprivoiser" en quelque sorte, en l'installant, bien visible, sur les meubles devant lesquels il s'attardera : cheminée ou télévision, par exemple. Par la suite, il pourra la mettre dans un meuble, à l'abri des regards étonnés de visiteurs parfois insensibles à cet ésotérisme.

Son pouvoir de réduction ne doit pas dissimuler que ce qu'elle défait dans un sens, sera refait dans l'autre si on sait le lui demander. Pour cela, il est nécessaire d'être en symbiose avec elle.

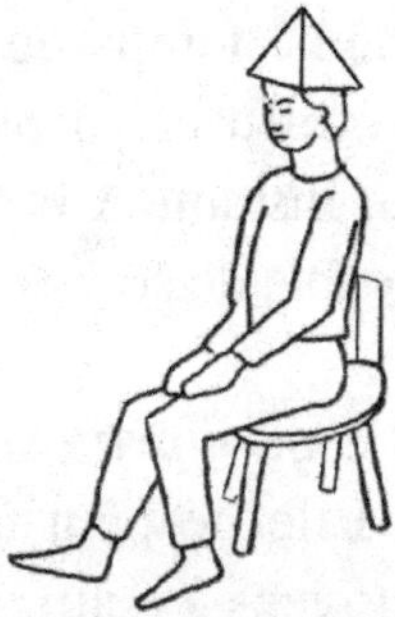

C'est pour ça que vous devez vous "purifier" avant chaque séance en la portant sur le crâne durant ***15 minutes,*** en silence et dans le calme le plus complet. Ce qui n'est pas toujours facile quand on vit en famille ; pour y parvenir sans peine, je suggère :

1) d'être seul dans une pièce silencieuse, dans le demi-jour, et dont l'air a été renouvelé,

2) d'avoir donné les consignes pour ne pas être dérangé, le téléphone étant coupé,

3) de rester assis, décontracté, les mains posées sur les cuisses ou les paumes jointes devant la poitrine comme pour prier (les *yogis* adopteront la position du *lotus*), en regardant devant soi ou à terre,

4) d'avoir préparé tous les éléments, témoins et autres objets afférents aux questions à poser,

5) d'éviter de regarder sans cesse une pendule et d'attendre calmement le quart d'heure requis...

6) de faire cette séance plusieurs fois avant de se juger capable d'interroger la *pyramide*...

À la fin de chaque séance, vous ressentirez très probablement une douce chaleur vous envahir en même temps qu'une immense sérénité intérieure se diffusera dans votre esprit, le calme se fera en un instant. À la suite de quoi il deviendra envisageable de songer à travailler avec elle.

***À quoi peut vous servir la pyramide :***

Elle ne peut tout résoudre, mais en donne les moyens à celui qui se met sous son égide ; elle ne transforme pas un individu en médium, mais lui transfère la puissance favorisant l'extériorisation d'une forme de "voyance" particulière.

Si vous êtes radiesthésiste, vous tenez là l'outil idéal pour peaufiner votre méthode ; ouvrez mon livre *Comment utiliser le pendule,* reportez-vous à la page 45, suivez mon procédé mot à mot, en ajoutant un élément de choix : la *pyramide* !

Suspendue au dessus de votre tête, elle vous aidera à vous concentrer dans votre recherche et à trouver.

Suspendre une *pyramide* au dessus de soi la fait rayonner plus largement. Sur la tête et à moins de 50 cm, elle influence tout le haut du corps, depuis le cerveau jusqu'aux mains, qui sont littéralement catalysés vers la clairvoyance initiatique.

La recherche en sera grandement favorisée et le résultat plus prompt à vous parvenir.

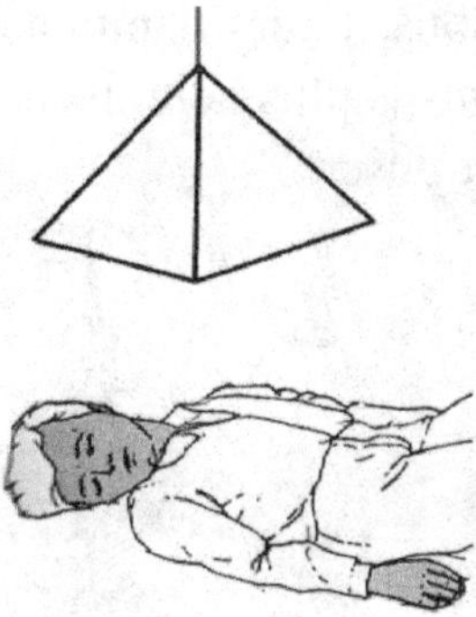

Le sommeil placé sous la surveillance de la *pyramide* deviendra plus réparateur et les nuits sans interruptions seront monnaie courante.

La *pyramide* sera nettement plus grande et suspendue à 80 cm, au moins, au dessus de vous.

Son rayonnement couvrira vos organes principaux, de la tête au bassin, et, au réveil, vous aurez l'impression que rien ni personne ne pourra vous atteindre ; votre énergie sera décuplée et le moral suivra le mouvement. La prévention est aussi une forme de protection.

Précisons que le couple dormant dans le même lit peut profiter de sa *pyramide* à condition de la placer assez haut, près du plafond.

Elle sera comme son ange gardien...

Dans ces conditions, la maison idéale serait-elle coiffée d'une toiture en forme de *pyramide* ?

Quoique moins répandues car plus chères à la construction, on en voit un peu partout, de ces maisons. Leurs habitants y sont-ils plus heureux ?

Ce serait une question à leur poser...

D'ailleurs, l'église, la maison de Dieu, est souvent couverte de cette façon...

Cela dépend surtout des styles régionaux, mais en y regardant de plus près, on se rend compte que les clochers arborent à leur sommet des chapeaux pointus pyramidaux plus ou moins tarabiscotés. Certaines cathédrales ne peuvent présenter ces splendeurs (N.-D. de Paris, entre autres) le temps et l'argent ayant manqué à leurs constructeurs, mais on y trouve toujours un chœur placé sous la protection d'une *pyramide,* si réduite soit-elle...

Le bonheur du couple peut aussi être mis sous la protection de la *pyramide* : avec des photos ou des objets personnels.

Que ce soit la photo du couple ou celle de l'un des deux seulement, la placer sous la *pyramide,* celle-ci étant enfermée dans une armoire pour éviter les regards et manipulations par autrui. L'intimité doit prévaloir pour garantir l'efficacité de la protection.

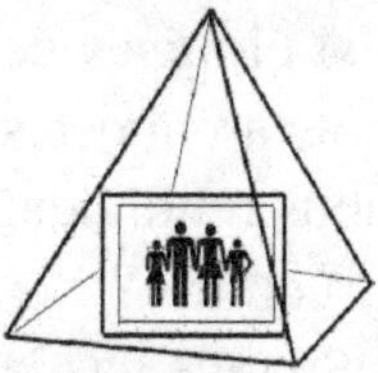

On fait de même si la famille est dans son entier sous la garantie de la *pyramide,* en évitant que les enfants soient renseignés sur la chose qu'ils comprendraient sans doute assez mal ; en effet, si vous êtes acquis au principe, il n'est pas évident de le faire accepter de but en blanc par des jeunes pas du tout au fait de l'ésotérisme et de sa symbolique.

On peut choisir des objets personnels qui sont parmi les plus intimes ou dont l'utilisation fut un instant dramatique : linge souillé de sang après un accident, par exemple.

Sans oublier qu'on peut mettre sous *pyramide* une photo de la maison ! Les autres sauvegardes seront développées par cet appoint qui vient les stimuler.

Le philosophe allemand Fichte (1762-1815) prétendait que l'homme comprenait deux *moi* : l'un absolu et réel, l'autre relatif et phénoménal.

— *Ce système fait tout reposer sur le sommet de notre existence et place la pyramide sur sa pointe.* Mme de Staël

“Poser la pyramide sur sa pointe” est l'expression consacrée pour désigner un projet impossible à réaliser ; on n'a pas besoin de dessin.

Mais l'utiliser dans le bon sens pour le bien de sa famille et la protection de sa maison est tout à fait dans l'esprit de ses inventeurs si éloignés de nous ; à quoi pensaient-ils, ces grands architectes des pharaons ? Savaient-ils qu'ils nous rendraient un immense service avec leurs constructions ?

Pour ce qui nous concerne, nous n'avons pas la prétention d'appliquer toutes les possibilités que la *pyramide* nous offre et qui demanderaient des études très longues et, il faut l'avouer, sans grand espoir de réussite ; on ne peut raisonnablement se dire expert en la matière sans y consacrer une vie.

On pourrait aussi nous reprocher de vouloir **“poser la pyramide sur sa pointe”...**

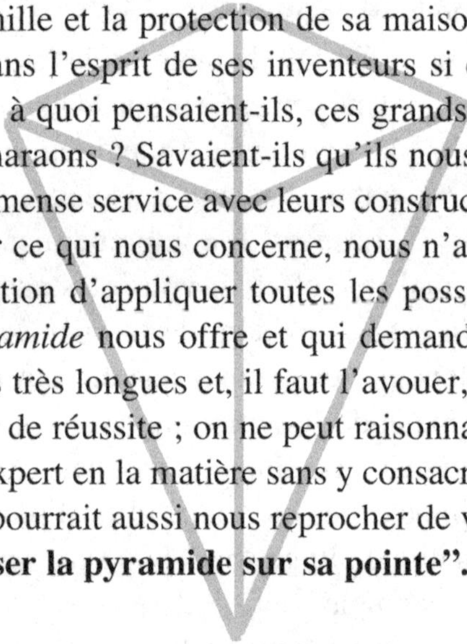

## Les pierres et les cristaux

Les *pierres précieuses* : leur nombre est limité à quatre par la loi de novembre 1968 :

le *diamant,* le *rubis,* le *saphir* et l'*émeraude.*

### 1) le *diamant* (latin *adamas,* aimant) :

C'est la pierre la plus dure de toutes, sa densité étant de 10/10.

Ci-dessous, quelques diamants célèbres :

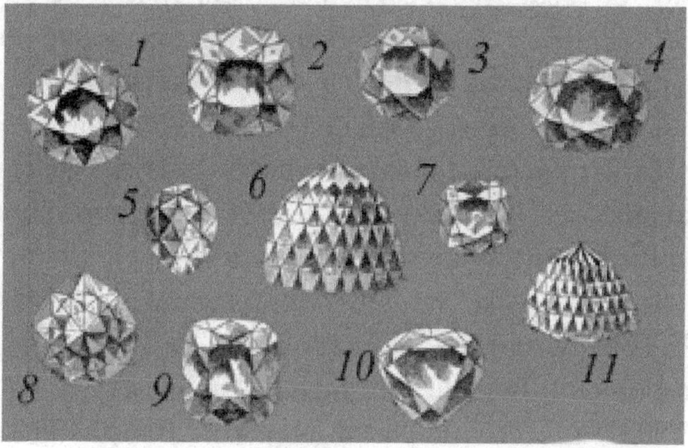


*1 : Koh-i-Noor, 2 : Régent, 3 : Pacha d'Égypte, 4 : Étoile du Sud, 5 : Sancy, 6 : Grand Mogol, 7 : Étoile polaire, 8 : Grand-Duc de Toscane, 9 : Léopold, 10 : Nassak, 11 : Orlov*

Ils ne sont évidemment pas en grandeur nature.

L'histoire des plus connus (celle des autres est très vague) mérite qu'on s'y attarde un peu :

Le *Koh-i-Noor* appartenait aux maharajahs de Lahore (Pakistan) lorsque les Anglais pillèrent le trésor et l'offrirent à leur reine Victoria.

Le *Régent* est un diamant très pur de 137 carats découvert en Inde qui fut acheté par Thomas Pitt, puis par le régent Philippe d'Orléans et il appartint donc à la couronne de France ; volé en 1792, retrouvé, il fut racheté par Bonaparte qui le fit monter sur la garde de son épée ; Charles X le fit monter sur sa couronne et l'impératrice Eugénie sur son diadème ; il est actuellement au Louvre.

L'*Étoile du Sud,* le plus gros diamant trouvé au Brésil, fait partie de la couronne d'Angleterre.

Le *Sancy,* légué au roi de France par Mazarin.

Le *Grand Mogol* appartenait à la dynastie régnante des Indes du même nom avant que leurs colonisateurs s'en emparent, en 1850...

Le *Grand-Duc de Toscane* appartint à Charles le Téméraire, puis aux grands ducs de Toscane ; il est aujourd'hui à la couronne d'Angleterre...

L'*Orlov* fut volé par un grenadier français dans un temple de l'Inde où il était l'un des yeux d'une statue de Brahma ; revendu sans cesse, il arriva au prince Orlov qui l'offrit à Catherine II de Russie.

Autant dire que les diamants célébrissimes ont eu une histoire mouvementée.

Passons.

**2) le *rubis*** (de *rubeus,* rouge) est transparent et d'un rouge vif nuancé de rose ou de pourpre ; il est la plus rare des 4 pierres précieuses, ne peut se rayer qu'avec le diamant, vient de Birmanie, du Sri-Lanka, de Thaïlande ou d'Afrique.

Le *rubis* aide à surmonter la timidité et à combattre les difficultés provoquées par autrui.

**3) le *saphir*** (hébreu *sappir,* la plus belle chose) se distingue par sa couleur bleue turquoise s'il vient du Cachemire, verte de Thaïlande et d'Australie, vert-jaune du Sri-Lanka.

Le *saphir* est la pierre précieuse protégeant la fidélité et le couple.

On fabrique du *saphir synthétique* d'après l'invention du savant français Verneuil (1902) pour l'électronique.

**4) l'*émeraude*** (latin *smaraldus,* sméralda) est une variété de *béryl* et fait partie des 4 pierres précieuses ; sa couleur verte agréable la fit désirer par la femme de Charles Quint qui ne pardonna pas à Cortes d'en conserver cinq pour sa fiancée. Vient de Colombie, Zimbabwe, Oural, Pakistan.

L'*émeraude* consolide la mémoire, la connaissance ésotérique et guérit les yeux fatigués.

Les ***pierres fines*** ne faisant pas partie des plus précieuses, elles ont une valeur très inférieure en fonction de leur dureté ou leur propriété optique ; les principales et les plus utiles sont :

Les ***béryls*** comprennent les variétés incolores, roses, jaunes, bleu de ciel, ou vertes (*émeraude*) ; celle-ci étant plus rare et donc plus chère. Ils ont la forme de cristaux hexagonaux qu'on trouve en Colombie et en Oural pour l'*émeraude,* au Brésil et à Madagascar pour les autres, l'*aigue-marine,* par exemple.

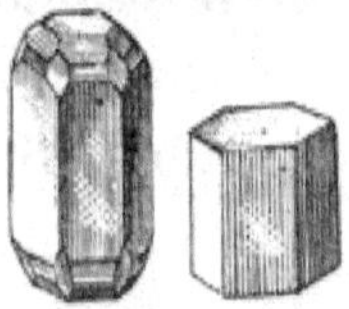

L'*aigue-marine* convient tout particulièrement au *chakra de la gorge* (13).

Les ***tourmalines*** (*Tôramalli,* île du Sri-Lanka, ex Colombo), sont de divers coloris : jaune, brun, noir, rose ou rouge ; elles contiennent du fluor, du manganèze, du fer, du magnésium et du lithium.

Elles présentent des colorations différentes suivant l'angle de vue.

La *tourmaline noire* (ou *schorl*) est un bouclier efficace contre les *ondes négatives* ; elle détourne sans absorber, aide les coléreux à retrouver leur calme et fait fuir les gens brutaux ou haineux.

**La *topaze*** (de *Topazos,* une île de la mer Rouge) est de forme *rhomboédrique* également, se clive (se fend en couches, comme pour une ardoise) facilement, raye le *béryl*, l'*émeraude*, le *grenat* et le *quartz* ; celle du Brésil est estimée.

La *topaze bleue* protège le mariage et lutte contre les agressions extérieures.

**Le *quartz*** (mot allemand) ; de formes hexagonales variées, il offre des variétés colorées : *améthyste, jaspe, œil-de-chat, œil-de-tigre, aventurine.*

*Cristaux de quartz :*

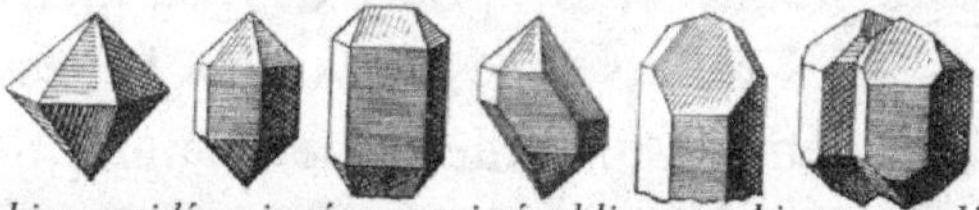

*bipyramidé, prismé, comprimé, oblique, en biseau, maclé*

La transparence du *quartz* à la lumière et aux rayons ultraviolets fait qu'on l'emploie dans les appareils d'optique et d'audition.

**Le *cristal de roche*** est le *quartz* à l'état pur ; il est efficace sur les *chakras* qu'il soulage. Il peut aussi aider à régler les causes désespérées.

**L'*améthyste*** (grec *amethustos,* n'est pas ivre) est très recherchée si elle est d'un beau violet velouté.

Elle annihile les accusations injustes, convertit le négatif en positif, rend le sommeil et conforte l'*aura* (14).

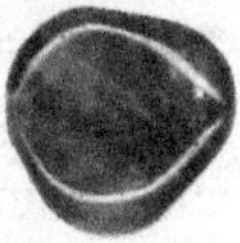

Le ***jaspe rouge*** (ou *pierre infernale*) était jadis le préféré des envoûteurs ; il s'utilise dorénavant en sens inverse contre les ennuis et les ennemis...

Le ***jaspe vert*** donne confiance et repousse les fausses amitiés.

L'***œil-de-chat*** est bénéfique aux malchanceux et leur fait retrouver l'équilibre.

L'***œil-de-tigre*** est un miroir renvoyant à son expéditeur les *ondes négatives*.

L'***aventurine*** fait renaître l'amour...

L'***opale*** *noble* est très prisée des joailliers pour ses reflets irisés. Les plus belles viennent d'Australie et de Hongrie ; celles du Mexique sont nommées *opales de feu* parce que le rouge de feu y domine. Il en existe beaucoup d'autres de moindre importance. L'*opale noble* protège l'organisme contre les attaques sournoises entraînant des troubles et des insomnies chroniques.

La ***turquoise*** (*turcois*, turc, parce qu'elle fut introduite en Europe par les Turcs) est une pierre fine bleu-ciel à bleu-vert, opaque ; elle peut être traversée de veines comme l'ivoire.

Elle protège d'une mort violente et favorise la femme amoureuse.

**Les *grenats*** (de *grenade,* leur rouge étant proche de celui du fruit) ; parmi eux, on distingue surtout :

Le *grossulaire*, de couleur variable ; le *pyrope*, rouge-feu ; l'*almandite*, rouge ; la *spessartite*, d'un rouge-hyacinthe ; la *mélanite*, noire ; l'*ourarovite*, vert-émeraude.

Les *grenats* chassent toute mélancolie, rendent la bonne humeur, agissent sur la tension et la circulation sanguine, stimulent l'amour.

**Le *lapis-lazuli*** (*lapis,* pierre et *lazuli,* d'azur), d'un bleu intense, qu'on trouve principalement en Afghanistan et au Chili. Il est employé dans les mosaïques et les incrustations décoratives ; on le réduit aussi en poudre dite d'*outremer*. Il renforce la qualité du sommeil et la résistance au voisinage belliqueux.

**L'*agate*** (selon Pline, le nom serait celui du fleuve *achates,* en Sicile, où elle fut trouvée) ; on la nomme *onyx* (voir dessin) quand les bandes sont de couleur régulières et bien tranchées ; il en existe d'autres sortes suivant leur contexture : la *cornaline,* rouge-cerise ; la *mousse,* filamenteuse ; la *chrysoprase,* vert-pomme, etc...

L'*agate bleue* favorise les rapports humains.

L'*agate verte* aide les femmes à trouver l'amour et procure le bien-être.

L'*agate mousse* favorise la grossesse.

L'*onyx* augmente le sens des responsabilités et calme les nerfs avant la contre-offensive.

La *cornaline* attire la chance et chasse toutes les mauvaises influences.

La *chrysoprase* est excellente pour les dames en difficultés de procréation.

***Pierres fines diverses :***

L'***ambre*** se subdivise en deux : l'*ambre gris,* un excrément des cachalots d'une odeur repoussante quand il est pêché et devient parfum capiteux une fois séché. Ce n'est pas celui qui nous intéresse.

L'*ambre jaune* (ou *succin*), d'origine végétale, dur et transparent, s'électrise par simple frottement et, son nom grec étant *élektron,* c'est celui qui fut donné à l'électricité. Il lutte contre l'infortune et l'adversité et apporte la chance.

L'***amazonite,*** ou *pierre des Amazones,* doit son nom au fleuve Amazone où elle fut trouvée.

Elle chasse le stress, l'ennui, les pensées négatives, et provoque l'amitié.

La ***calcédoine*** (de *calchedon,* ville de Bithynie) est constituée de fibres d'*opale* et de *quartz.*

Elle redonne la confiance et le calme.

La ***calcite*** (latin *calcis,* chaux) est la plus répandue et forme stalactiques, stalagmites, craie, marbre blanc, etc.

C'est une pierre excellente contre les sorciers et tous les maléfices qu'ils peuvent engendrer ; les coups bas sont stoppés, la convalescence activée.

La ***chrysocole*** (grec *khrusos,* or et *kolla,* colle) ainsi nommée car les anciens s'en servaient pour souder l'or. Vert-bleuâtre.

Instaure le calme partout où naît un litige.

La ***chrysolite,*** le ***péridot,*** l'***olivine,*** la ***serpentine*** sont de la même famille ; dorée, vert clair, verdâtre, vert sombre traversé de filons fibreux, suivant la dénomination.

Suppriment le stress et les souffrances morales et s'avèrent excellentes contre la sécheresse.

La ***citrine*** est un quartz jaune citron.

C'est la pierre de l'allégresse, de la béatitude et du ravissement ; très utile pour séduire l'homme de sa vie.

La ***sardoine*** (ou *onyx de Sardaigne*), de couleur brunâtre, attire la bonne fortune, fait gagner les négociations délicates et s'enfuir les voleurs.

La ***fluorine*** (ou *fluorite*) a un éclat vitreux et légèrement transparent ; ses couleurs, variées et phosphorescentes sont douces. Support de l'énergie, elle empêche de s'affaiblir et déleste des ennuis. Excellente en antidépresseur.

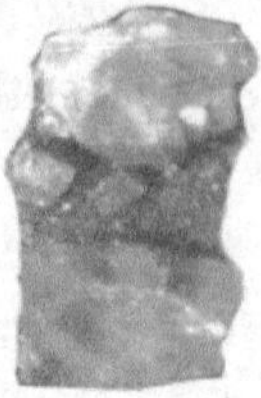

L'***héliotrope*** (grec *helios,* soleil, *trepein,* tourne) ou *jaspe sanguin,* est une cilice verdâtre bigarrée de veines rouges.

Aide la circulation sanguine, favorise la coagulation et diminue varices et hémorroïdes.

L'***hématite*** (grec *hæmatites,* sanguine) brune, la plus répandue, chasse les mauvais rêves et calme les maris violents.

La ***hyacinthe,*** d'un personnage mythologique changé en fleur par Apollon, donné à une variété de zircon jaune rougeâtre. Rend dynamique, attire la fortune et, sur le *chakra du sexe* est dynamisant pour l'homme chancelant.

Le ***jade*** (de l'espagnol *piedra de la ijada,* pierre des flancs, car il préservait des coliques néphrétiques) est noir, vert ou blanchâtre, très dur, il est le symbole des vertus confucianistes ; Il soigne bien les calculs rénaux, la cystite et l'incontinence.

Et, surtout, le *jade* défend son détenteur contre des voisins agressifs et mal intentionnés.

Réduit en poudre, il rend les taoïstes immortels et empêche la putréfaction des chairs des morts ; l'art du *jade* fait partie de la tradition chinoise.

La ***labradorite*** vient du Canada (Labrador) où il en existe des variétés à reflets chatoyants.

Excellente protectrice de l'*aura* et des *chakras,* son action sur les *ondes négatives* est reconnue.

La ***malachite,*** du grec *malakhê,* mauve (?), est pourtant d'un beau vert, et utilisée dans les objets d'art et la marquetterie.

Avec elle, le succès dans les affaires sera garanti et les poursuites annulées. Elle aide aussi à retrouver la mémoire défaillante.

La ***magnétite,*** ou ***pierre d'aimant,*** est décrite et son usage expliqué dans le livre ***Comment utiliser les aimants,*** mêmes auteur et éditeur.

Le ***mica*** (latin *mica,* parcelle) est très facile à diviser en tranches minces et flexibles ; on l'utilise pour sa qualité d'isolant.

C'est aussi un attractif de la réussite.

L'***obsidienne*** (du latin *obsidianus,* soit pierre d'Obsidius, qui, dixit Pline, l'aurait découverte en Éthiopie) ; à l'instar d'un verre de bouteille, elle est vitreuse et noire, lisse et brillante.

Véritable forteresse contre les *ondes négatives* et porte-bonheur, elle protège les humains, leurs animaux et leurs biens.

La ***pierre de lune,*** ou ***feldspath,*** à reflets nacrés, développe l'imagination en protégeant le couple.

La ***pyrite*** (grec *puritês,* feu) est un sulfure de fer ayant un très vif éclat métallique qui étincelle au choc ; elle précéda le silex dans les armes à feu du début.

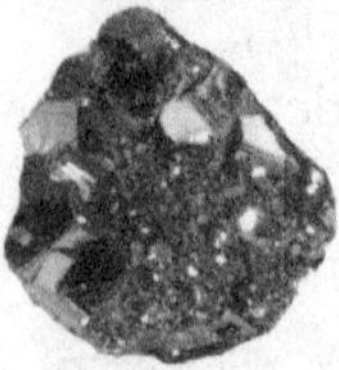

La *pyrite dorée*, ou *chalcopyrite* (de *chalco,* cuivre), a du cuivre pouvant la faire confondre avec l'or et inspira un auteur :

— *La pyrite de cuivre qui a trompé tant de prospecteurs et qu'on appelle pour cela "l'or du sot"*. Le Clézio

La *pyrite dorée* est un excellent support de la mémoire et de l'organisation.

La ***rhodonite*** (grec *rhodon,* rose) est un silicate de manganèse de couleur rose parfois semé de petites veinules roires.

Calme le stress et préserve des indésirables.

La ***sodalite*** appartient au genre ***feldspath*** et a le même comportement que la ***pierre de lune.***

## Le choix de la pierre et du cristal

La "pierre à tout-faire" n'existant pas, il faut se focaliser sur le besoin en déterminant exactement par quoi on veut commencer ; chacun connaissant les symptômes du tort qui le frappe sélectionnera en conséquence le bouclier dont il a besoin.

Plusieurs pierres pouvant répondre à la même demande, ce sera le choix le plus délicat ; mais une sélection approximative ne débouchera jamais sur une hérésie à moins de choisir vraiment l'inverse du pouvoir recherché ; si on cherche à combattre une *onde négative*, on évitera la pierre traitant de puissance virile... C'est seulement un exemple.

La personne compétente à qui vous l'achèterez saura vous conseiller avec précision ; les librairies ésotériques ne manquent pas du personnel apte à guider l'acheteur hésitant. Il est aussi possible de les commander par correspondance, à la condition de s'adresser au bon endroit. Par exemple celui où vous avez acquis le présent livre !

Le tri peut s'effectuer également à l'aide d'un pendule, pour celui qui a lu : *Comment utiliser le pendule,* mêmes auteur et éditeur.

## La purification et le nettoyage

Vous venez d'acheter la pierre conseillée par le libraire ; celui-ci l'a longuement tenue, tournée et retournée dans ses doigts, avant lui ses employés et d'autres clients en ont fait autant, sans parler de ceux qui l'ont extraite, taillée, polie, emballée...

La pierre est donc *souillée*, ce qui n'est certes pas rédhibitoire, ni définitif ; une voiture sortant de l'usine a aussi un grand besoin de lavage...

Pour ce faire, il existe des moyens simples et d'autres qui le sont moins.

Le *lavage* pur et simple : l'idéal est de passer la pierre sous l'eau d'une source claire, mais on peut la laver dans celle du robinet, à condition qu'elle ne soit pas encombrée de produits chimiques ; le temps à l'y maintenir, pointe vers le bas si elle en a une, dépend de celui qui a passé depuis son dernier bain ; deux minutes quand il est vieux d'une semaine, dix si c'est d'un mois, vingt si elle vient d'être achetée.

Le *sel* est un purificateur très efficace, nous l'avons constaté au début : il suffit de noyer la pierre dans un récipient en terre cuite ou en porcelaine et de l'y laisser au moins plusieurs jours, voire une semaine.

Le *soleil* peut y contribuer en laissant la pierre exposée durant quelques heures, mais avec une certaine retenue ; rien ne prouve son efficacité.

Pour la *lune,* j'en pense la même chose.

L'*encens* me semble mieux adapté et praticable par les habitués : tourner et retourner la pierre sur la fumée de l'*encens* en *visualisant moralement* les impuretés qui s'en échappent.

D'autres méthodes existent, mais les plus simples suffisant, nous nous en contenterons.

Avec cette étude approfondie et détaillée, nous avons examiné de près les principaux cristaux et pierres, tant précieuses que fines, nous avons fait l'inventaire élogieux de leurs qualités essentielles à faire obstacle aux maléfices et avons appris à les purifier. Maintenant, apprenons à nous en servir.

## Comment utiliser les pierres et cristaux

***1 - à domicile :*** la pierre doit être posée dans un endroit discret mais sans la recouvrir de tissu ou la cacher derrière un meuble ; elle doit "voir" et "sentir" une présence humaine sans que celle-ci remarque son existence ; l'installer aux endroits stratégiques : près de l'entrée, derrière un rideau, devant la cheminée, sous le lit, etc...

***2 - dans la voiture :*** une petite *sardoine* posée entre les sièges ou sur un coin du tableau de bord, par exemple, permettra au conducteur de rester zen dans toutes les situations. Une *améthyste* fera oublier les bouchons et une *émeraude* restituera sa vigilance au voyageur fatigué. Chacun verra sa pierre à son avantage.

***3 - sur soi, en bijoux :*** c'est ici que l'utilité de porter une pierre protectrice trouve sa justification ; il y a mille manières d'en porter une sur soi, pour les messieurs comme pour les dames.

Pour ce faire, nous n'avons que l'embarras du choix, entre bracelets, pendentifs, broches, bagues et autres boucles d'oreilles, une personne un peu coquette aura sur elle une panoplie complète.

Un homme peut avoir un porte-clés sur lequel serait serti une jolie pierre, porter un pendentif muni d'un cristal ou d'une pierre fine sur sa poitrine, avoir au doigt une bague à cabochon sans choquer qui que ce soit.

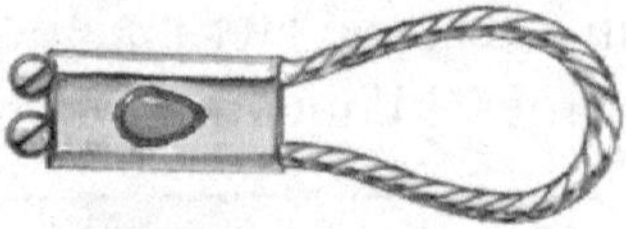

*porte-clés avec topaze,*

*bague avec aigue-marine*

*et médaillon avec saphir*

***4 - sur les chakras*** (voir page 13) **:**

C'est sans doute le meilleur emplacement.

La *pierre* et les *cristaux* ont l'avantage d'être en permanence avec celui qu'ils protègent ; en porter sur un *chakra* pendant quelques heures, de nuit ou de jour, est une assurance supplémentaire sur le bonheur et la quiétude d'un ménage, d'une maison...

Pourquoi s'en priver ?

# Les Runes

C'est ici le même titre écrit de deux manières, la première en lettres romanes courantes, la seconde en lettres ***runiques.*** J'admets que c'est tiré par les cheveux, mais on voit au moins de quoi il s'agit.

***Runes*** (gothique *runa* : chose cachée) ***:***

Ce sont les caractères de l'alphabet imité du grec et du romain et commun aux peuples du Nord dont on estime la naissance un siècle avant J.C pour les uns, deux siècles après pour d'autres. L'équivalence approximative avec notre actuelle prononciation est mentionnée au pied de la lettre, mais nul ne saurait dire aujourd'hui si elle est tout à fait exacte. Plus ancien alphabet germanique et scandinave, appelé *futhark*

en reprenant les 6 premières lettres sur les 24 qu'il compte, il compose une écriture si secrète que les avis divergent sur leur signification et plus encore sur leur ésotérisme ! Et on en rencontre deux versions différentes chez un même éditeur...

Gravées sur du bois ou sur la pierre, elles étaient formées de traits droits se coupant à angle aigu.

Il ne subsiste plus que des inscriptions sur des tombeaux, surtout en Suède où il en reste 2 500 environ sur les 4 000 de l'ensemble. Pour les Scandinaves, Odin était l'inventeur et ils se servaient de ses pouvoirs magiques pour soigner les malades, détourner les *ondes négatives*, etc...

Ce sont d'ailleurs ces facultés que nous allons détailler, dans l'ordre... alphabétique :

ᚠ *FEHU* (f) :
Lettre de la richesse, elle garantit le gain des affaires et des négociations financières.

ᚢ *URUZ* (u) :
Emblème de la force et du courage, elle sert la virilité défaillante et la régénère.

ᚦ *THURIZ* (th) :
Préserve des faux amis dont on peut craindre la jalousie mal intentionnée.

ᚨ *ANSUZ* (a) :
Apporte une dose de courage à ceux qui ont une crainte quelconque.

ᚱ *RAÏDO* (r) :
Protège son détenteur pour toutes les causes dont l'urgence est patente.

ᚲ *KENAZ* (k) :
Récuse les accusations injustes, donne tous les arguments pour se justifier.

ᚷ *GEBO* (g) :
Idéale pour la recherche d'un(e) partenaire et se créer des opportunités amoureuses.

ᚹ *WUNJÒ* (w) :
Rend son équilibre à qui vient de subir un choc émotionnel et lui permet de réagir.

ᚺ *HAGALAZ* (h) :
Évite les accidents en mettant définitivement à l'abri des surprises et désagréments.

ᚾ *NAUDHIZ* (n) :
Protège spécialement les femmes enceintes et leur donne la santé et le moral.

ᛁ *ISA* (i) :
Pour les âmes et les corps fatigués ; donne la foi en Dieu et la confiance en soi.

ᛃ *JETA* (j) :
Bouclier contre les *ondes négatives* qui sont renvoyées en *choc en retour*.

ᛈ *PERTHRO* (p) :
La solution des questions irrésolues ; grâce à elle, le voisinage difficile s'améliore.

ᛇ *EOH* (è) :
Pourvoyeuse de bonnes nouvelles, favorise la chance en repoussant l'adversité.

ᛉ *ELHAZ* (z) :
Chasse la dépression tout en étant l'excellente pourvoyeuse d'appuis inespérés.

ᛊ *SOWILO* (s) :
Assure la protection intégrale de l'habitation en faisant fuir les mauvais esprits.

ᛏ *TIWAZ* (t) :
L'amour trouve ici son raffinement, il se mue en passion mutuelle et éternelle.

ᛒ *BERKANNOZ* (b) :
La féminité est portée aux nues et l'homme convoité sera aux pieds de sa reine.

ᛖ *EHWAZ* (è) :
Recommandée en cas de déménagement dont elle garantit la bonne exécution.

ᛗ *MANNAZ* (m) :
La virilité faite homme, l'autorité sans heurts et sans reproches !

ᛚ *LAGOZ* (l) :
Pour amener une fécondité à toute épreuve et faire tomber une pluie fertilisante.

ᛜ *INGWAZ* (ng) :
Protection du domicile contre la colère des éléments naturels.

ᛞ *DAGAZ* (d) :
Représente le chassé-croisé des candidats au changement de domicile qu'elle assiste.

ᛟ *OTHALA* (o) :
Excellente protection pour un changement de situation ou d'emploi qui seront favorisés.

L'utilisation des *runes* se fait en synchronisme avec celle des *pierres et cristaux* dont elles sont une sorte de complément direct.

Dans le chapitre 7 "Les rituels", page 215, vous en lirez le mode d'emploi.

Si on ne veut pas les graver soi-même, on trouve des *runes* dans différentes qualités : en bois, terre cuite, améthiste, hématite, cristal de roche, etc...

## Les talismans protecteurs :

*Talisman* (du persan *telsamàn,* figure magique, et du grec *telesma,* rite) : objet ordinaire sur lequel sont gravés ou inscrits des signes *kabbalistiques* et auquel on accorde des propriétés surnaturelles de protection et de pouvoir.

Les plus célèbres *talismans* sont ceux des mages d'Égypte et de Chaldée ; ils correspondaient aux sept grands génies planétaires sous la protection desquels la terre et ses habitants étaient placés.

*Combien de souverains, chrétiens ou musulmans,*
*Ont tremblé d'une éclipse ou craint des talismans !*
Voltaire

Certains *talismans* sont dits *syncrétiques*.

Vous ferez forcément du *syncrétisme* dans vos actions de protection ; en effet, vous *mélangerez* sans cesse le *sacré* et le *profane*...

Chaque terme a un sens bien défini :

Le *syncrétisme* (du grec *sugkrêtismos,* allusion à l'union sacrée des Crétois malgré les désaccords) concerne la réunion de divers éléments culturels et religieux différents, un assemblage hétéroclite de doctrines et de systèmes nettement distincts sur un support unique, sans chercher à les fusionner.

Il s'agit ici d'éléments religieux (*Jésus, Marie* et les *saints,* les *prières,* les *bougies* et l'*eau bénite*) liés à des figures profanes (*sel, pierres, cristaux, pyramide, runes, talismans, pentacle, sceau de Salomon, encens, huiles essentielles...*).

Nous ferons du *syncrétisme* par l'association de ces deux notions à priori opposées lorsque nous prierons un *saint* en utilisant simultanément des objets *profanes* énumérés ci-dessus.

Nous avons vu une partie de ce *profane* dans les chapitres précédents et y retournerons dans les trois suivants, avant de passer au *sacré.*

L'*éclectisme* (grec *eklektikos,* choisir) est le tri de ce qui plaît dans une variété d'éléments en les fusionnant. L'*éclectique* en peinture apprécie la globalité comme si elle était une œuvre unique.

La *gnose* est le savoir absolu des mystères de la religion et un *gnostique* détient ces connaissances, alors qu'un a*gnostique* est un incroyant.

La *kabbale* (de l'hébreu *kabbalah,* tradition, on a écrit aussi *cabale*) est la tradition juive donnant une lecture mystique des textes bibliques fondée sur la prière ; *kabbalistique* se dit de ce qui a l'art de pouvoir converser avec le surnaturel ou prend un certain air d'obscurité mystérieuse. Ce qui fait, soit dit en passant, le succès d'œuvres sibyllines basé sur la confiance du lecteur *néophyte.*

Le *néophyte* étant “nouvellement planté” (grec *neophutos*). Les érudits (latin *erudire* : dégrossir) jugeront peut être ces commentaires superflus (?), mais rien ne les oblige à les lire...

Revenons à nos *talismans*.

Le *talisman* peut être un modèle de *syncrétisme* par sa conception : une croix, un anneau, un bijou, une pierre, un instrument ordinaire rapprochant une entité religieuse et un signe magique sans les fusionner. Mais il peut aussi être basé sur un seul de ces éléments, soit religieux, soit profane.

Voici un exemple type de *syncrétisme* :

***La croix de la porte :***

C’est le moyen le plus simple de protéger un domicile car il suffit de l’accrocher à sa porte.

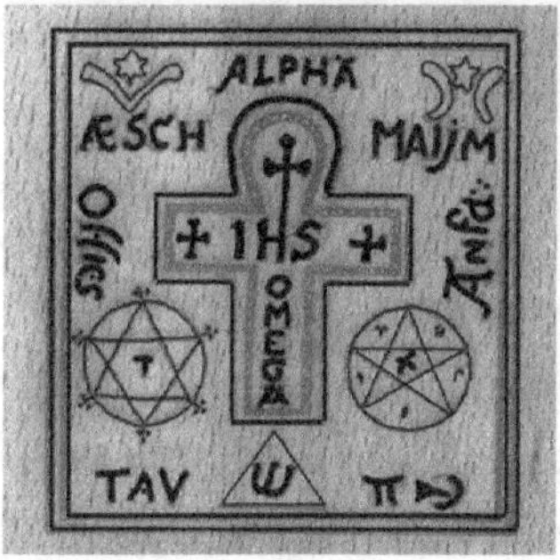


Une simple plaque de bois, gravée, associe : la *croix ansée* (ou *ankh, égyptienne*), le *pentacle,* le *sceau de Salomon,* le *Triangle du Shin,* l’*alpha,* l’*oméga,* et autres symboles *gnostiques* et *kabbalistiques.* Ce *talisman* est un mur défensif et, en le touchant simplement de la main quand vous entrez et sortez de chez-vous, la chance, le succès et le bonheur se présenteront.

**La croix ankh,** ou **croix de vie,** ou **croix ansée,** ou **croix égyptienne :**

L'origine est un nœud d'herbes et de joncs destiné à favoriser la végétation chez les Égyptiens. Elle est le symbole de la vie (*ankh,* la vie, en hiéroglyphe) et on la trouve dans la main des divinités.

Cette croix donne à celui qui la porte les atouts de la réussite ; l'emploi est consolidé, la faveur du supérieur assurée, l'augmentation conséquente, la promotion rapide. Les jalousies sont refoulées et n'ont plus droit de cité.

**La croix cathare :**

Les *cathares* (grec *katharos,* pur) sont ces hérétiques qui défièrent l'Église catholique avec un dogme ordonnant une absolue pureté des mœurs et remplaçant les sacrements par le *consolamentum,* le baptême de l'esprit par la simple imposition des mains. Innocent III lança contre eux la “croisade des Albigeois” au cours de laquelle ils furent exterminés.

La *croix cathare* agit principalement sur tout ce qui peut manquer à celui qui l'invoque. Elle arrête net les *ondes négatives*, surtout la malchance, et fait le tri des vraies et fausses amitiés.

## *La croix de Malte :*

L'Ordre de Malte est caritatif.

Il construit et entretient des léproseries, des hôpitaux, des missions, des ambulanciers dans le monde entier.

On le trouve partout où il y a des victimes de guerres ou de catastrophes naturelles et il héberge, soigne, nourrit et réinsère les plus faibles. La croix de Malte reste l'emblème de l'aide fondée sur la fraternité et montre le désir d'aider son prochain.

C'est un *octogone* (8 pointes) représentant les *Huit Béatitudes* énumérées par Jésus dans son *Sermon sur la Montagne* (Matthieu 5 - 3 à 12) :

1 - Bienheureux les pauvres en esprit,
car le royaume des cieux est pour eux !

2 - Bienheureux ceux qui sont dans l'affliction,
car ils seront consolés !

3 - Bienheureux ceux qui sont affamés et assoiffés de justice, car ils seront rassasiés !

4 - Bienheureux les miséricordieux,
car il leur sera fait miséricorde !

5 - Bienheureux ceux dont le cœur est pur,
car ils verront Dieu !

6 - Bienheureux les artisans de la paix,
car ils seront appelés fils de Dieu !

7 - Bienheureux ceux qui endurent persécutions à cause de la justice, car le royaume des cieux est pour eux !

8 - Bienheureux serez-vous quand on vous insultera, qu'on vous persécutera ou qu'on vous calomniera de toute manière à cause de moi !

Soyez dans la joie et l'allégresse !

***La croix celtique :***

En forme de roue, elle orne les cimetières et les calvaires des pays celtes, breton, gaélique et gallois. C'est une des plus anciennes protections en période de tempêtes.

***La croix pectorale :***

Comme son nom l'indique, elle est destinée à être portée sur la poitrine ; un talisman classique que beaucoup de chrétiens arborent sur eux ; certaines sont des bijoux de grande valeur et il ne faut pas y chercher de connotation exclusivement religieuse, le chic et l'élégance étant visés en premier.

***La croix d'exorcisme*** (grec *ex,* hors et *orkos,* serment) **:**

Saint Jean ayant dit : *le monde entier se trouve sous la coupe du Malin* (1e Épître, V-19), on exorcisait jadis tout ce qui était consacré. Les évêques délèguent un prêtre pour exorciser les gens possédés ou les lieux hantés. Ne pas laisser quelqu'un se libérer seul d'un démon à cause du *choc en retour*.

Ce *crucifix* est conçu pour un rituel d'*exorcisme* avec les garanties de bonne fin. Votre librairie ésotérique vous proposera celui qui conviendra le mieux à vos besoins.

### *La Trinité :*

Les premiers artistes qui la représentèrent eurent recours au triangle, parfois suivi des lettres grecques *alpha* (α–A) et *oméga* (ϖ–Ω) signifiant, selon Saint-Jean dans l'Apocalypse, ***"le commencement et la fin"***, en parlant de Dieu. (Apocalypse selon St-Jean : I - 8)

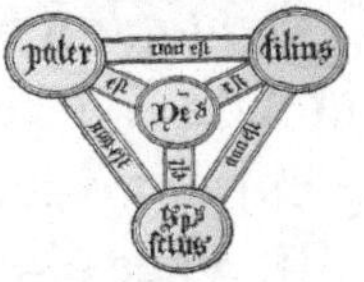


Le talisman de la *Trinité* constituera un apport considérable associé à la *croix de la porte* ; placé à ses côtés, il fermera l'accès de la maison encore plus efficacement. S'il est assez réduit pour être mis dans une poche ou sur le tableau de bord de la voiture, il évitera les accidents.

Il peut être réalisé sur parchemin et, dans ce cas, protège contre la perte de mémoire.

### ***Le triskèle* ou *triskel :***

Le *triskèle* (du grec *triskèlé,* trois jambes) est extrait d'une monnaie antique représentant trois jambes courant autour d'un axe central.

Les Celtes l'ont schématisé pour en faire le symbole du mouvement perpétuel et il est souvent inclus dans un triangle équilatéral.

Sa puissance est exploitée depuis les temps les plus reculés pour construire l'impossible, chaque fois que la cause est entendue et désespérée.

**Le pentacle** ou **pentagramme** (grec *penta* : cinq) :

Le *pentacle* a 5 branches, à ne pas confondre avec le *pentagone* qui a 5 angles (*gonos* : angle). On peut voir la différence ci-contre. Le *pentacle* a été considéré par les pythagoriciens comme le symbole de la perfection. On donnait ce nom à un sceau sacré imprimé sur du parchemin vierge en peau de bouc, ou gravé sur un métal précieux, l'or ou l'argent. Le *pentagramme* est un synonyme.

Toutefois, si on se réfère aux listes des articles en vente ou à la coutume, on trouve des *pentacles* dont le nombre de branches n'est qu'un souvenir ; certains n'en ont même plus du tout...

Alors on a créé, au XXe siècle, le *pantacle,* avec un "a", que certains lient au dieu *Pan...*

Je lui préfère la racine grecque *pantos* : tout ; elle se justifie largement, puisqu'elle les englobe tous.

Nous utiliserons ici les deux orthographes, le "e" ou le "a" désignant celui qui aura (e) ou n'aura pas (a) le nombre (5) consacré.

Le moyen le plus simple d'utiliser un *pentacle* ou un *pantacle* est de le porter sur soi sous forme de médaille et il n'y a que l'embarras du choix ; nous en examinerons quelques-uns dont on peut dire qu'ils sont les plus réputés.

**_Pentacle d'Agrippa_** (5 branches) **:**

Ce nom vient du latin *ægre partus* : naissance difficile, quand les bébés se présentaient les pieds en avant. Il devint un prénom.

Agrippa de Nettesheim, né à Cologne en 1486 et mort à Grenoble en 1534, fut médecin de Louise de Savoie, la mère de François Ier. Chassé de France suite à son amitié avec le connétable de Bourbon, il se rallia à Charles Quint. Adepte des sciences occultes, *kabbaliste*, il fut accusé de magie et emprisonné à Bruxelles pendant un an. Il fut aussi arrêté à Lyon ; puis il finit sa carrière à Grenoble. Il a écrit *De la philosophie occulte*.

Son *pentacle* (5 branches) est le plus complet et il symbolise la volonté humaine.

**_Pantacle de la chance_** (6 branches) **:**

Celui-ci a 6 branches, comme le *sceau de Salomon* que nous avons vu page 34 ; un fer à cheval trône en son milieu avec des *lettres runiques.*

Il attire la chance et repousse les *ondes négatives*.

**_Pantacle du couple_** (12 branches) **:**

Protège l'expression de l'amour sous sa forme physique ou morale ; garantit un couple heureux.

***Pantacle de Jupiter*** (4 branches) **:**

Principale divinité des Romains, fils de Saturne et de Rhéa, il est identifié au Zeus des Grecs et personnifiait la lumière et les phénomènes célestes ; il faut l'adopter pour lutter contre la dépression, la neurasthénie, etc...

***Pantacle de Mars*** (6 branches) **:**

Dieu de la guerre, identifié au dieu grec Arès, il ouvrait l'année romaine (le mois de mars) au début des beaux jours, quand les armées pouvaient se mettre en marche. Il était aussi considéré comme le dieu de la puissance masculine.

***Pantacle de Mercure*** (12 branches) **:**

Dieu du commerce, des banquiers (et des voleurs) identifié à l'Hermès grec, il avait un sanctuaire au Puy de Dôme ; il protège des maléfices.

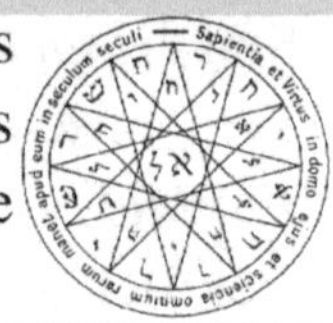

***Pantacle de la Lune :***

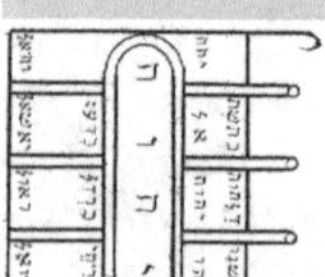

Symbole du rythme de la mort et de la résurrection, de la féminité et de la fécondité, du rêve et de la lumière diffusée ; on connaît son énergie sur la nature et l'humeur de l'humanité ; on oublie son emprise sur le sort et le jeu, mais on rappelle son influence dans les transactions immobilières.

***Pantacle de Saturne*** (8 branches) **:**

Cronos pour les Grecs, symbole du temps, protecteur des vignerons, il est souvent figuré tenant une faucille qui rappelle son rôle fertilisateur. Il gouverna l'univers et présida aux jours et aux saisons ; il donne la joie de vivre et fait retrouver le sommeil.

***Pantacle du Soleil*** (carré) **:**

Grande puissance fécondante, dispensateur de la lumière et de la chaleur, adoré dans l'Égypte ancienne (Râ), c'est depuis toujours un gage de réussite qui aide à réaliser toutes les ambitions.

***Pantacle de Vénus*** (4 branches) **:**

Identifiée à l'Aphrodite grecque, c'est la déesse de l'amour, de l'érotisme et de la chasteté, des qualités allant très bien ensemble quand on sait s'en servir.

Les maîtres de Rome, Pompée et César, se mirent sous sa protection. De toute manière, Vénus protègera le couple, légitime ou non, elle favorisera les amitiés et les contacts, forcera la sympathie à percer les carapaces les plus dures et fera naître l'amour de son prochain.

### *Autres pantacles et bijoux ésotériques :*

Il y en a tellement que je me contenterai de citer les plus efficaces, les autres pouvant être choisis dans votre librairie ésotérique préférée.

### *L'œil d'Horus :*

Dieu-faucon égyptien, fils d'Isis et Osiris, représenté avec un corps humain et la tête de l'oiseau, ou en soleil flanqué d'ailes immenses ; il est le symbole du soleil levant et il aida Zeus à tuer Typhon, le monstre hérissé de dragons et de vipères.

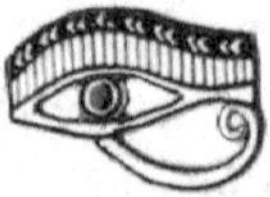

Il protège, évidemment, du mauvais œil et favorise la chance.

### *Le Bouddha* (le sage, l'éclairé, celui qui a compris) :

Au VI^e siècle avant J.C., naquit le *Bouddhisme* en Inde. Son fondateur, Çâkya-Mouni, se donna le titre de *Bouddha* pour établir que son omniscience n'était pas le résultat d'une révélation, mais celui d'une étude approfondie : il n'existe plus ni mérites ni démérites, son salut n'a de prix que s'il peut assurer celui des autres ; quand il est dans le *Nirvâna* (extinction, but final), son esprit continue à veiller au bonheur de l'univers.

Sa protection est recherchée.

**_Le Brahma_** (Sanskrit : Dieu suprême, l'Absolu) :

Dieu de l'Inde, créateur du monde, des dieux et de tous les êtres, il a 4 têtes et 4 bras symbolisant les 4 âges et les 4 classes sociales ; il serait né, pour les uns d'un œuf d'or, pour les autres d'un lotus issu du nombril de Visnu. Il aide souvent à faire tomber la pluie.

**_La main de Fathma_ ou _Fatima_ :**

Fille du prophète Mahomet, née en 616, morte en 633, elle épousa un cousin du prophète, Ali, et en eut plusieurs enfants ; son nom, que portent beaucoup de musulmanes, est souvent déformé en *Fâtma*.

**_Le Delta :_**

4e lettre de l'alphabet grec semblable au "d" qui s'écrit δ et Δ . Le *delta mystique* est représenté par un triangle parfois entouré de rayons et dans lequel sont dessinés, soit un œil, soit les 4 lettres hébraïques (*YHWH*) du nom de Jéhovah (*Yahvé* : Dieu).

On lui prête la faculté de favoriser la chance sous toutes ses formes, surtout les jeux de hasard, loto, loterie, roulette, etc...

***Le Ying-yang :***

Dans la philosophie chinoise, le *yin* et le *yang* sont deux forces complémentaires représentées par les moitiés blanche et noire d'un cercle et qui forment les aspects de la vie des sens ; *Yin* est la source *femelle,* la terre, la passivité, l'obscurité et l'absorption ; *Yang* est la source *mâle,* le ciel, la lumière, l'activité et la pénétration. C'est le processus du *souffle vital* et il apporte l'harmonie, l'unité et le bonheur.

***La corne d'abondance :***

L'*Abondance* était une divinité allégorique dépourvue de temple malgré le symbole de richesse qu'elle tenait dans les mains (les fleurs et les fruits).

Appelé la *Corne d'Abondance,* ce symbole est une corne de la chèvre Amalthée, une nourrice de Jupiter. On la donna aussi à d'autres divinités telles que *Cérès*, *Cybèle* et la *Fortune*.

On se moquait des maris ayant femme riche :

*Jean, l'an passé, fit sa femme d'Hortense ;*
*Chez-lui, depuis, on roule sur l'argent,*
*Et chacun dit qu'en la prenant,*
*Il a trouvé la corne d'abondance !*

Bien entendu, elle attire la fortune...

## Les encens à brûler, le *benjoin*

*Choisis de leur donner ton sang ou de l'encens.*
Corneille, *polyeucte*.

*Un peu d'encens brûlé rajuste bien des choses.*
Savinien de Cyrano de Bergerac.

*Encens* vient du latin *incensum* : chose brûlée.

À leur arrivée à la crèche de Bethléem, les Rois mages ont offert à l'Enfant Jésus l'or, l'*encens* et la myrrhe. L'usage de l'*encens* est affirmé depuis la plus haute antiquité dans tous les cultes pour honorer les dieux et des souverains. Le Temple de Jérusalem disposait d'un autel sur lequel brûlait de l'*encens* tous les jours. Durant les persécutions on obligeait les chrétiens à en brûler pour les dieux païens et on comprend qu'ils en aient conservé un mauvais souvenir. Lorsque le christianisme devint assez puissant, l'Église l'adopta malgré tout pour rendre sa liturgie plus éclatante.

*Un ange vint se placer devant l'autel, avec un encensoir d'or : on lui donna des parfums pour les joindre aux prières des saints sur l'autel d'or qui se trouve devant le trône. Et la fumée des parfums monta de la main de l'ange avec les prières des saints devant Dieu.* (Apocalypse de Jean, VIII, 3-4.)

L'*encens* (synonyme de l'*oliban*) est la résine extraite par incision de l'écorce d'arbres des régions chaudes de la famille des *burseracées,* principalement le *boswellia,* de l'Arabie, de l'Afrique, de l'Asie et de l'Indonésie. Il se présente sous la

forme de petites boules sèches, blanches en dedans, jaunâtres et poudreuses au dehors ; la saveur est âcre, amère et aromatique.

### *L'extraction de l'encens :*

L'extraction de la résine, ou de l'*encens,* s'appelle le *gemmage,* une opération courante jadis sur les pins maritimes des Landes. On voit ici un *gemmeur* incisant un tronc pour y placer le pot de terre cuite qui recueille la résine. Il ravivait la plaie (la *carre*) une fois par semaine pour faciliter son écoulement ; au bout de 4 ans, il l'abandonnait pour en ouvrir une seconde et faire ainsi le tour de l'arbre ; lorsque celui-ci était fait, après 30 à 40 années, l'arbre était abattu et servait pour la charpente et l'ameublement. La résine durcit dès qu'elle jaillit du tronc et il faut la traiter pour la rendre liquide. Le pin donne la *colophane* utilisée par les violonistes pour leur archet, et la *térébenthine,* ou *galipot,* pour caréner les bateaux.

**_Brûler l'encens :_**

Quiconque a assisté à une messe a vu le prêtre manier l'*encensoir*. C'est une cassolette suspendue à des chaînettes dans laquelle on brûle l'*encens* sur des charbons ardents et les fumées sortent par des fentes ménagées sur le dessus.

Il n'est pas indispensable de disposer d'un *encensoir* muni d'une chaîne si on n'a pas l'intention de le balancer ; celui représenté ici à gauche conviendra aussi bien ; et si les contes des *Mille et une Nuits* restent gravés dans les mémoires, une *Lampe d'Aladin* donnera la touche miraculeuse de rigueur. Le principal étant d'avoir le récipient, en laiton, en terre cuite ou toute matière permettant de faire brûler les *charbons ardents*.

Car, pour brûler l'*encens,* il faut avoir placé, en dessous, au moins du charbon de bois, au mieux des pastilles de *charbon ardent.* Celui-ci s'allume en le tenant avec une pince sur la flamme d'une bougie ; on le met dans l'*encensoir,* et, quand il a pris, on pose l'*encens* sur le charbon enflammé.

Parmi les nombreux *encens,* examinons le plus réputé, le **benjoin**, dans ses lieux de culture en Asie du Sud-Est, en Indonésie et en Malaisie.

**Le benjoin** (catalan *benjui*, de l'arabe *lubàn-djàwa*) :

Ou *encens de Java*.

**Asie du Sud-Est :**

***Viêt Nam*** : 335. 000 km², 70 millions d'habts. Densité : 209 au km². Capitale : *Hanoï*.

***Laos*** : 236.800 km², 4,5 millions d'habitants. Densité : 19 au km². Capitale : *Vientiane*.

***Thaïlande*** : 514. 000 km², 60 millions d'hts. Densité : 117 au km². Capitale : *Bangkok*.

***Cambodge*** : 180.000 km², 7,5 millions hts. Densité population : 42-km². Capitale : *Phnom Penh*.

**Indonésie** (sans Kalimantan, Célèbes, Sonde, Moluques, Irian) :

***Java*** : 135.000 km², 100 millions d'habitants. Densité de la population : 740-km². Capitale : *Jakarta*.

***Sumatra*** : 473.600 km² pour 35 millions d'habitants. Densité population : 73-km². Capitale : *Medan*.

***Malaisie*** (avec le ***Sarawak***) : 330.000 km², 18,5 millions d'hs. D.: 56-km². Capitale : *Kuala Lumpur*.

Grande disparité de densité entre les pays, de Java à 740 hts. au km² au Laos à 19 : 39 fois !

(France : 550.000 km², 61 millions. Densité : 110-km²)

Ce bref exposé géographique a pour mission de situer les lieux de culture de cet arbre exotique.

Le *benjoin* est obtenu par incision du tronc du *styrax tonkinensis* ou *tonkinois,* appelé autrefois l'*aliboufier* en occitan. Il pousse à une altitude de 600 à 800 m et demande une humidité minimum.

*fleurs et fruit de l'aliboufier*

Arbre moyen pouvant atteindre 20 mètres, à feuilles tomenteuses (couvertes de poils), à fleurs en grappes, le *styrax* (*aliboufier*) est une production humaine, l'espèce étant précieusement gardée par ceux qui le cultivent dans toute la région que nous venons de décrire. On l'appelle aussi l'*encens des Juifs* parce que ceux-ci l'utilisent depuis toujours.

***Sa fumigation :***

Le *benjoin* exhalant d'abord une âcreté pouvant être insupportable, il vaut mieux le mélanger à d'autres, du *galbanum* ou de la *myrrhe*. L'arôme vanillé ressortira mieux.

***Son effet :***

En répandant sa délicieuse odeur vanillée, il fait **bouclier contre les *ondes négatives*, protège la maison et éloigne les mauvais esprits.**

Il ranime en outre les sentiments et on peut dire que l'amour se plaît dans une maison saine.

*Nota :* c'est aussi un excellent antiseptique.

***Le camphre*** (mot arabe) ***:***
Purifie le mental et aide à assainir le domicile.

La résine du *cinnamomum camphora,* qui croît en Chine, au Japon, à Java, à Sumatra, est extraite du bois d'arbres de 200 ans sciés en bûchettes que l'on distille dans un alambic et les cristaux se condensent sur le chapiteau en paille de riz. Il brûle avec une importante production de suie.

Tranquillisant bon pour le cœur, les poumons.

***La cannelle :*** pousse les artistes à la créativité et force la chance à sortir de son trou.

Le nom vient de *canne*, à cause de la forme cylindrique prise par l'écorce en s'enroulant sur elle-même quand on la racle. L'écorce est raclée sur les pousses pour obtenir des copeaux de 3 cm de long, d'un fauve clair.

*le cannelier et ses copeaux enroulés (très agrandis)*

La *cannelle de Ceylan* est la plus répandue et réputée.

Ceylan, maintenant appelée Sri Lanka, a 18 millions d'habts sur une superficie de 66.000 km$^2$, densité : 272 hts au km$^2$. Capitale : *Colombo*.

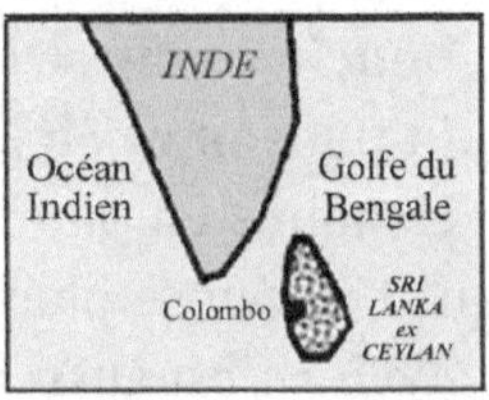


L'écorce de *cannelle* se mélange bien aux encens qu'elle stimule et développe.

***Le copal*** (nom mexicain) ***:***
Repousse les attaques d'*ondes négatives.*

Arbre d'Amérique Centrale, haut de 15 à 20 m, le *copalier* est incisé au tronc et aux grosses branches pour récolter la résine.

Le *copal* brûle aisément, répandant une odeur un peu citronnée. Stimulant efficace, on peut l'employer pour se refaire un moral d'acier après un accident ou un malheur...

***Le galbanum*** (grec *khalbané*) ***:*** Pour se délester d'esprits malins en renforçant la protection.

*Les Pharisiens frissonnèrent, quand on les aspergea de galbanum et d'encens, compositions réservées aux usages du Temple.* Gustave Flaubert.

On récolte la résine qui s'écoule de l'incision des tiges de la *ferula galbaniflua,* une *ombellifère* (en forme de parasol), au Proche Orient.

***La gomme arabique :***
Un mur infranchissable par le *mauvais œil.*

*La gomme pourrait servir d'aliment, puisqu'à peu de choses près elle contient les mêmes éléments que le sucre.* B. Savarin.

Tirée de l'écorce de l'acacia d'Afrique, cette résine a assez peu d'odeur, mais apporte un supplément tonique.

*l'acacia d'Afrique*

Une fumigation dans laquelle la *gomme arabique* sera incluse aura un additif à son efficacité.

**La myrrhe** (hébreu *mòror* : être amer) **:**
Elle rajeunit le corps et l'esprit

*Ils voulaient lui donner du vin mêlé de myrrhe, mais il ne l'accepta pas.* (Marc - XV, 23) *Il apportait un mélange de myrrhe et d'aloès.* (Jean - XIX, 39)

Marc parle du moment où les soldats voulaient donner à Jésus une mixture destinée à soulager sa souffrance et Jean nous raconte comment Joseph d'Arimathie et Nicomède l'embaumèrent.

La *myrrhe,* déjà offerte à l'Enfant Jésus par les Rois Mages, fait partie intégrante de la religion.

Le *balsamier,* ou *baumier,* sécrète des *baumes.*

Il pousse régulièrement en :

**Éthiopie**, 1 M de km², 50 M d'hts.
D.: 50-km², cap.: *Addis Abeba.*
**Somalie**, 640.000 km², 8 M d'hts.
D.: 12-km², cap.: *Mogadiscio.*
**Yémen**, 485.000 km², 11 M d'hts.
D.: 21-km², cap.: San'à'.
**Arabie**, 2,15 M km², 16 M d'hts.
D.: 16-km², cap.: Riyad.

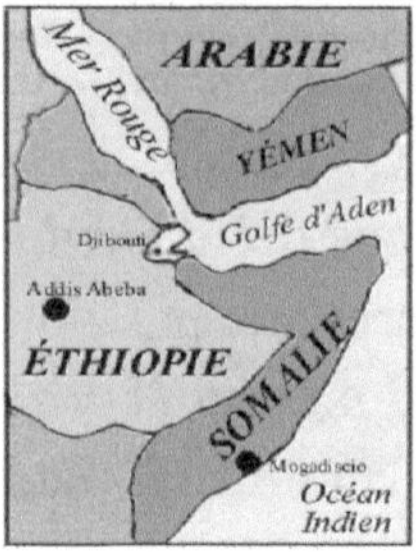

*balsamier ou baumier*

La *myrrhe* s'écoule spontanément par des blessures et afflue en larmes rouges, brillantes et fragiles. Elle est âcre et a une forte odeur. Son impact curatif est connu sur l'appareil génital féminin dont il rétablit le métabolisme, ainsi que sur la santé des enfants.

***L'oliban :*** Il est recherché pour renforcer les actions magiques et le désenvoûtement.

L'*oliban* est obtenu par *gemmage* du tronc du *boswellia carterii,* arbre de Somalie et d'Arabie. Ses larmes blanchâtres en font l'*oliban* ; une autre espèce de *boswellia,* dite *papyrifera,* perd son écorce à la façon du bouleau et ce sont ses copeaux qui forment l'*encens*.

***L'opopanax*** (grec *opos* : suc, et *panax* : plante médic.) **:** Une excellente protection contre le *mauvais œil.*

*l'opopanax*

On écrit parfois (à tort) *opoponax.* Ce sont des herbes vivaces, à fleurs jaunâtres, difficiles à trouver de nos jours. Quant au *commiphora,* c'est le *baumier* donnant la *myrrhe* dont nous venons de parler.

***Le pin maritime*** ou ***pin des Landes :***

Nous avons vu comment se faisait le *gemmage* dans les Landes ; la chimie a éclipsé cette résine qui pourrait être salutaire à la protection de la maison. On devrait tout de même l'essayer...

***Le pin sylvestre :***
Idéal pour lutter contre l'ennui et pour une bonne cause.

Européen par nature, il laisse filer sa résine qu'on peut récolter toute l'année. En brûlant, il diffuse une épaisse fumée malodorante ayant néanmoins le pouvoir fortifiant qui peut rendre l'énergie à un corps.

***Le sang-dragon :***
Protection contre les éléments naturels.

Résine du fruit de *calamus draco,* ou *rotang* (mot malais ayant donné le *rotin*) exsudée de ses *stipes* (tiges sans rameaux inférieurs), de couleur rouge très recherchée en Chine et en Inde contre blessures et contusions. Son parfum est puissant, généreux et tonique.

***Le storax*** et ***le liquidambar*** (espagnol : ambre liquide) **:**
Bonne efficacité contre la brutalité d'autrui.

Deux noms pour deux cousins très proches des parties chaudes d'Asie et d'Amérique. Le *baume storax* et le *baume liquidambar* ont la même efficacité pour les voies respiratoires.

*le liquidambar*

## Les huiles essentielles

On disait autrefois *l'essence* ; depuis l'invention du carburant automobile, on a préféré chambouler l'appelation par *huile essentielle,* ce qui revient au même, mais la confusion pouvait être néfaste à qui aurait bu l'une en croyant absorber l'autre.

Pour ce qui nous concerne, nous utiliserons le mot *essence* ; sa racine latine *esse* signifie "être", ce qui veut tout dire, car l'*essence,* c'est la nature propre à une chose, à un être, ce qui les constitue fondamentalement ; c'est l'*essentiel,* en somme.

*Homme, deviens essentiel : quand le monde passera,*
*Ce qui est du hasard tombera et l'essence restera.*
J. Scheffler, dit Angelus Silesius.

Tous les philosophes ont recherché quelle était l'*essence* des choses : pour Platon, c'était l'idée ; pour Pythagore le nombre ; pour Descartes la pensée était celle de l'homme et l'étendue celle de la matière ; pour les stoïciens c'est la raison ; mais les Anglais Hume et Berkeley la nièrent.

Tous les avis sont dans la nature ; ils en sont même l'*essence,* ou la *quintessence,* le cinquième élément (l'*éther*) ajouté aux quatre d'Empédocle (phil. grec), l'eau, la terre, l'air et le feu.

La *distillation* de notre *essence* est (presque) la même que celle de l'Armagnac. Une référence...

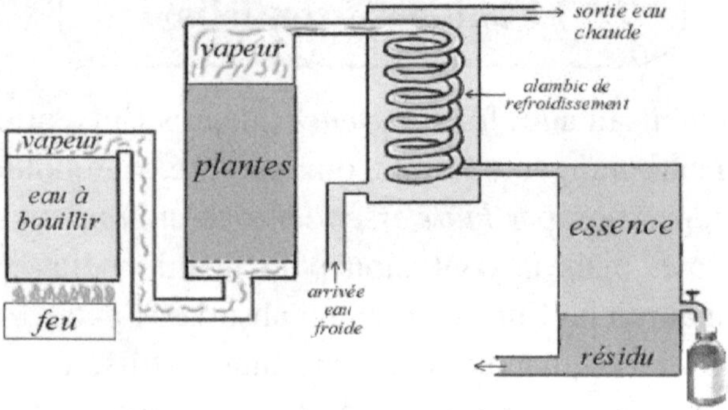


Le 1^er^ ballon est plein d'eau, le 2^e^ des plantes, le 3^e^ occupé sur toute sa hauteur par un serpentin (alambic) de refroidissement et de l'eau froide en continu, le 4^e^ reçoit le produit fini.

On chauffe le 1^er^ ballon et l'eau se vaporise ; la vapeur en sort par le haut, est guidée vers le 2^e^ ballon où elle entre par le bas, en passant à travers une grille soutenant les plantes ; après avoir pris le jus (comme une cafetière), la vapeur sort par le haut, suit l'alambic et descend lentement dans le 3^e^ ballon plein d'eau froide ; la température baisse et l'*essence* est recueillie dans le 4^e^ ballon.

On n'obtient pas toujours des *essences* avec la *distillation* ; si la plante en contient trop peu, on emploie l'*enfleurage* (macération), les solvants ou l'extraction mécanique.

***L'aloès*** (hébreu *alua* : chose amère) **:**
Ses *ondes positives* protègent le domicile.

*Liliacée* des climats chauds et secs, aux feuilles charnues et cassantes et au goût amer venant de Madagascar et d'Afrique ; les fleurs, d'un jaune-verdâtre, sont sur une hampe droite. Le suc de ses feuilles est purgatif et peut générer le désir sexuel.

***L'armoise*** (du nom grec de Diane : *Artemis*) **:**
Tonique, elle remet sur pied le plus fatigué.

(Diane secourait les femmes malades). On trouve l'*armoise* partout, le long des voies ferrées et chemins creux. On peut lui adjoindre la ***mélisse***, la ***citronnelle***, la ***verveine***, de la même famille des *graminées*. L'***absinthe*** en est aussi une proche cousine.

***Le basilic*** (grec *basiliskos* : plante royale) **:**
Anti-inflammatoire qui combat la dépression.

De la famille des *labiacées*, originaire de l'Inde, il est d'un joli vert avec des fleurs blanches ou rosées, très aromatique, il dégage une odeur suave. C'est un remède contre le mal de tête et le foie ; sans omettre ses services pour la cuisine...

***La bergamote*** (turc *bergâmodi* : poire du Seigneur) **:** Système nerveux calmé, stress oublié.

De la famille des *agrumes,* elle se cultive en Italie, Côte d'Ivoire et Guinée. De ses fleurs on fait l'***eau de fleur d'oranger*** et la pulpe de ses fruits est distillée en *essence.*

Souveraine pour faciliter la digestion, elle calme aussi l'eczéma et l'acné.

***Le bouleau*** (gaulois *boul*) **:** Équilibre les relations amoureuses entre l'homme et la femme.

Arbre des sols sableux (*bétulacées*), des régions froides (la Russie) et tempérées, à petites feuilles ; les Finlandais boivent leur infusion en guise de thé.

L'*essence* extraite de l'écorce soulage l'eczéma chronique.

***Le camélia*** (l'Allemand *Camelli* le ramena du Japon) **:** Attire la richesse et fait retrouver l'objet perdu.

Arbuste à feuilles persistantes (*théacées*), à somptueuse floraison précoce. A. Dumas Fils, grâce à sa *Dame aux camélias,* en a fait la fleur la plus cultivée en Europe. Il est aussi réputé pour accroître les facultés mentales.

***La camomille*** (grec *khamaimêlon* : pomme du sol) **:**
Elle provoque et favorise les rentrées d'argent.

Le nom de *pomme* est dû à son odeur, non au fruit qu'elle n'a pas. De la famille des *herbacées,* elle pousse surtout dans l'Ouest de la France. Sa distillation est radicale contre les douleurs rhumatismales et les aigreurs d'estomac.

***Le chèvrefeuille*** (lat. *caprifolium* : feuille de chèvre) **:**
Il résoud les situations les plus délicates.

Arbrisseau (*caprifoliacées*) grimpant à fleurs parfumées de l'hémisphère Nord. Ses baies rouges sont considérées comme étant émétiques (qui provoque le vomissement), purgatives et sudorifiques. Distillées, ses feuilles sont astringentes (resserrent les tissus).

***Le cumin*** (mot hébreu) **:** Restaure l'amour disparu et fait revenir l'amant égaré à la maison.

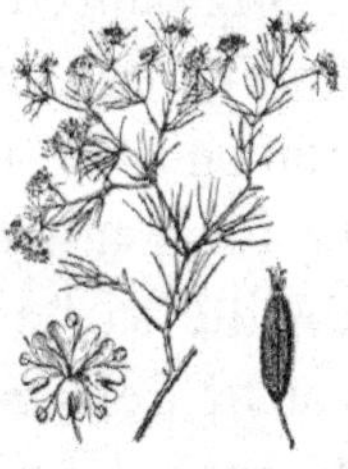

Famille des *ombellifères,* plante herbacée annuelle de 50 cm, originaire d'Orient, le fruit ayant une odeur agréable, saveur chaude et aromatique ; il est stimulant, anti-inflammatoire, soigne la colite et les insomnies.

***Le cyprès*** (latin *cupressus*) **:**
La mémoire défaillante revient vite.

Arbre résineux dont le bois est d'un grain très fin quasi imputrescible et poussant dans le Sud de la France. Après la *distillation* de ses rameaux, on obtient une *essence* de grande qualité pour soigner varices, hémorroïdes et œdèmes.

***L'estragon*** (grec *drakontion* : serpentaire) **:** privilégié, c'est un stimulant et un aphrodisiaque.

Variété d'*armoise* (*composées*), appelé aussi *serpentine*, dont la tige et les feuilles aromatiques et apéritives sont employées en condiment.

Originaire de Sibérie, c'est l'incontournable de la *sauce béarnaise* dont ne saurait se passer notre cuisine...

***L'eucalyptus*** (grec *eu* : bien, et *kaluptos* : couvert) **:**
Fortement conseillé contre les *ondes négatives*

Originaire d'Australie, de la famille des *myrtacées,* à fleur blanche, c'est un grand arbre pouvant atteindre 100 m. On distille sa feuille et l'*essence* est très efficace pour soigner l'appareil respiratoire.

***Le genévrier*** (latin *juniperus*) **:**
Il favorise la chance et les rentrées d'argent...

Ses fruits servent à faire le *gin* ou le condiment appelé *genièvre* ; celui qui sert à produire la bonne *essence* (***huile de cade***) se trouve surtout en Égypte. Qualités curatives avérées : diurétique, sudorifique, fongicide et stimulant circulatoire.

***Le géranium*** (grec *geranos* : grue = la forme du fruit ) **:**
Génial pour la fécondité et l'amour éternel.

Plante herbacée (*géraniacées*) aux fleurs roses et aux feuilles très aromatiques, le *géranium rosat,* ou *sanguineum,* est utilisé pour la lutte contre les moustiques et il stoppe les saignements ; efficace contre les rhumatismes.

***Le gingembre :*** Très bon aphrodisiaque, il aide en outre la croissance rapide des cheveux.

Plante herbacée (*zingibéracées*) dont on utilise surtout le *rhizome* (tige souterraine) qui renferme l'*essence* de saveur piquante (*gingeral*) ; on l'emploie comme épice en cuisine et en sirop. En aromathérapie, il est utilisé comme antalgique.

***L'héliothrope*** (grec *hêlios* : soleil, et *tropein* : tourner) **:**
L'amour étant de même influence solaire, il sera fatalement attiré et la clairvoyance augmentera.

Plante à feuilles persistantes, à fleurs odorantes (*borraginacées*), des régions chaudes et tempérées. Le *tournesol* est un proche parent. Tout ce qui touche à l'astre solaire étant sacré, son effet est salutaire.

***L'hysope :*** Avec lui, l'*aura* sera nette, dégagée, et il protègera des brutalités maritales.

Arbrisseau méditerranéen (*labiées*) à feuilles persistantes et à fleurs bleues. La Bible nous raconte comment les Juifs se servaient d'elle pour asperger les portes avec le sang de l'agneau pascal. *Du cèdre à l'hysope* : du plus grand au plus petit...

***L'iris*** (grec *îris* : arc en ciel) **:**
Une aide contre les *mauvaises vibrations*.

Plante (*iridacées*), à bulbe et haute tige portant de grandes fleurs ornementales. L'*iris de Florence,* le plus usité en aromathérapie, est cultivé en Italie, dans la vallée du Pô, et aussi en France, en Provence. Son action cicatrisante est connue.

***La lavande*** (italien *lavare,* car utilisée pour la toilette) **:** Stoppe les *ondes négatives* et protège le couple.

Arbrisseau vivace (*labiées*), à fleurs bleues en épi, très odorantes, qui se trouve en Provence. 10 kg de fleurs donnent 100 g d'*essence.* On l'utilise pour purifier l'air ambiant, favoriser un voyage au long cours, réconcilier les amoureux.

***Le lentisque :*** il se mélange bien à d'autres pour attiser l'amour et le rendre éternel.

Arbuste méditerranéen (*anacardiacées*), feuilles luisantes et petits fruits noirs, voisin du pistachier. Il soigne très bien les bronches, les varices et la circulation sanguine. Il est très connu sous le nom de *mastic,* les femmes grecques le mastiquant sans cesse.

***La mandarine*** (espagnol *naranja* : orange) **:** Améliore le sommeil, supprime le cauchemar.

Agrume plus petit que l'orange, doux et parfumé, produit par le mandarinier. On utilise les *zestes* (lames très minces) de la peau qui donnent une excellente *essence* améliorant la digestion, calmante et relaxante.

***Le myrte*** (grec *mùron* : parfum) **:** soulage l'insomnie et facilite la réflexion qui est renforcée.

Arbuste (*myrtacées*) à fleurs blanches et feuilles persistantes, poussant surtout dans le maquis Corse ; sa croissance est très lente et il peut vivre 100 ans. Excellent remède de la bronchite chronique.

***Le niaouli*** ou ***melaleuca*** (grec *leuca* : blanc) **:** Recommandé pour protéger la maison, les *ondes négatives* rebondissent avec retour à l'envoyeur.

Arbrisseau exotique (*myrtacées*) qui fournit l'*essence* du *goménol. Niaouli* est un nom de Nouvelle Calédonie ; ses feuilles produisent une *essence* très efficace pour les problèmes pulmonaires et bien d'autres affections.

***L'origan*** (grec *oros* : montagne, et *ganumaï* : se plaire) **:** Protège très bien des mauvaises influences.

Plante herbacée (*labiées*) aux inflorescences roses dont on tire une *essence* (synonyme : ***marjolaine***) ayant dans l'antiquité la réputation de fermer les plaies et guérir de la morsure des serpents. Actuellement, on l'utilise comme un vrai *antibiotique* pour tous les maux.

***Le petit grain*** ou ***citrus :***
Il chasse le stress et amène la pluie.

Arbre (*aurantiacées*) qui produit les agrumes (***citron, orange,*** etc...) et dont les *essences* sont extraites des feuilles. Leurs avantages sont très proches et parler de l'un est parler des autres. Les inhaler est le plaisir des narines joint au calme, à la détente...

***Le romarin*** (latin *rosmarinus* : rosée de mer) **:** Par son action apaisante, les nuits sont calmes et les cauchemars deviennent des rêves prophétiques.

Arbuste aromatique du Midi (*labiées*), à fleurs bleues. Son infusion soigne le vomissement nerveux, l'*essence* adoucit bien asthme, bronchite, coqueluche, sinusite, cystite, hépatites, etc..

***La rose*** (*rosa centifolia* : rose à cent feuilles) **:** concilie l'amour s'il est parlé au même tempo.

La *rose* est le symbole de l'âme, du cœur, de l'amour. La *centifolia,* venue du Maroc et de la Turquie, sera préférée aux autres (3 000 kg de fleurs font 1 kg d'*essence*), ses pétales, plus suaves, favorisant la télépathie.

***Le santal*** (latin *santalum*) **:** garantit la paix et le bonheur ou les fait revenir en cas de désamour.

Arbre des régions tropicales, parasite des plantes voisines (*santalacées*). Importé de l'Inde (Bombay), il a une odeur forte caractéristique ; il fut utilisé autrefois en antiseptique génito-urinaire (antiblennoragique).
Dans un foyer uni, il est le gère un avenir serein.

***La sauge*** (latin *salvus* : saut) **:**
Elle protège la femme enceinte.

Plante aromatique (*labiées*) dont certaines variétés sont utilisées en médecine (*sauge officinalis*), ou en cuisine, ou encore comme plantes ornementales. Poussant spontanément dans le Midi, c'est un puissant tonique des fonctions digestives et fut même utilisée contre la paralysie.

***Le thym*** (grec *thumos*) **:**
Il a aussi la réputation d'attirer l'argent...

Plante rampante (*labiacées*) des régions tempérées, abondant dans les garrigues et les maquis. Le *thym sauvage* s'appelle *serpolet* et ils fréquentent les bouquets garnis...
Excellent pour soigner énormément de maladies.

***La sarriette*** (de *satyre*, parce qu'elle était dite aphrodisiaque) **:** La chance, la gloire et le bien être sont avec elle.

Plante (*labiées*) dont une variété, la *sarriette des jardins*, est cultivée pour ses feuilles aromatiques dans les régions méditerranéennes. Elle est tonique et vivifiante, soigne la dysenterie, la cystite et l'hypotension et prévient les infections.

***La violette :*** Elle développe l'*aura* des femmes pour attirer les hommes.

Plante herbacée (*violacées*) à fleurs violettes ou blanches, à 5 pétales. Il faut prendre 10 tonnes de fleurs à la *viola odorata* pour obtenir 500 g d'*essence* ; elle est intensément cultivée pour la parfumerie et pour son action antitussive et pectorale.

***Le ylang-ylang*** ou ***ilang-ilang*** (mot indonésien) **:** Sa force permet de voir sereinement l'avenir.

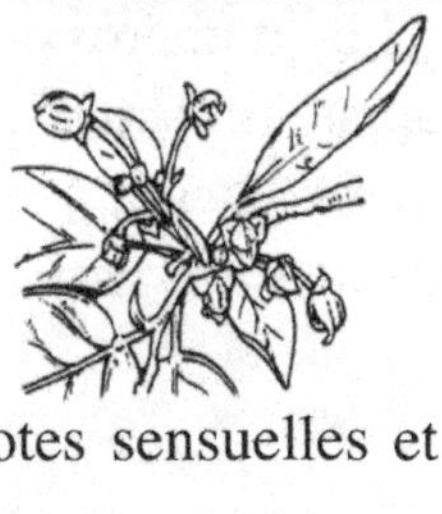

Son nom scientifique et moins poétique est *camanga odorata* ; originaire des Philippines, cultivée à Madagascar, son *essence,* extraite de ses fleurs jaunes, est réputée la meilleure pour ses notes sensuelles et chaudes, exotiques et féminines.

**Comment utiliser les *huiles essentielles* :**

Arme numéro 1, le ***brûle-parfum :***

C'est une sorte de vase, ouvert en bas, fermé en haut, permettant de faire évaporer l'*essence* lentement. On verse une dizaine de gouttes du parfum choisi dans la partie haute ; placer un *photophore* (coupelle à petite bougie) en bas et le laisser brûler jusqu'à ce que l'*huile essentielle* soit évaporée. C'est tout.

Arme numéro 2, le ***diffuseur électrique :***

Il fait tout lui-même, mais toutes les *essences* ne peuvent y passer à cause de leur viscosité. Il est prudent de se renseigner à l'achat.

Arme numéro 3, les ***applications directes :***

Par petites touches sur les poignets, le plexus solaire (sous le sternum) et derrière les genoux.

Arme numéro 4, la ***baignoire :***

Quelques gouttes dans l'eau, juste avant de s'y plonger.

Les numéros 1 et 3 ont la préférence des vrais amateurs parce qu'elles sont les plus naturelles et que la 2 et la 4 ne sont guère dans l'idée nouvelle de la *préservation de notre planète bleue...*

# La lune et ses pouvoirs

*Penser qu'on vivra jamais dans cet astre,*
*Parfois me flanque un coup dans l'épigastre !*
Jules Laforgue (1860-1887)

Quarante-neuf fois plus petite que la *terre* dont elle est le satellite et autour de laquelle elle tourne en 27 jours, 7 heures, 43 minutes et 11 secondes, elle l'éclaire, la nuit, suivant ses phases, de la lumière qu'elle réfléchit du *soleil.*

Située à une moyenne de 384 400 km de la *terre,* elle tourne à 3 700 km/h :

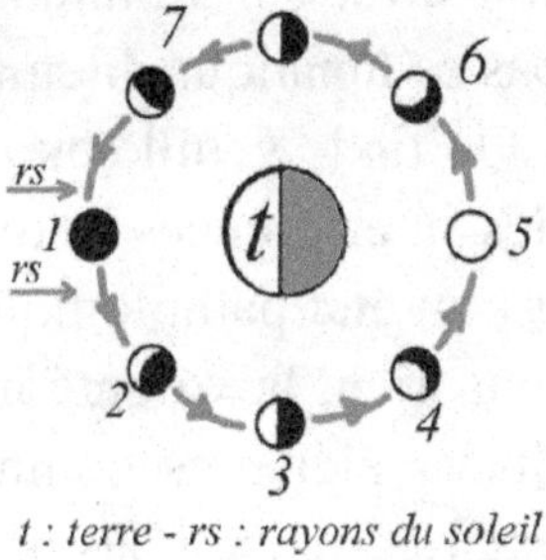


*t : terre - rs : rayons du soleil*

En 29,5 jours (mois lunaire), le cycle est réalisé. Vu de la terre :
1) la *nouvelle lune*, entre terre et soleil, est invisible.
2) le *premier quartier* est un fin croissant sur la partie droite.
3) elle est en *quadrature* (90°) et on voit la moitié droite.
4) la *lune gibbeuse* (bossue) se poursuit jusqu'à la *pleine lune.*
5) la *pleine lune* nous montre la totalité de sa surface qui est éclairée par le soleil. Elle est *en opposition* au soleil.
6) elle décroît régulièrement.
7) le *dernier quartier* (à minuit) montre la moitié gauche, pour revenir à la *quadrature* où elle est dite en *conjonction.*

Et le cycle recommence.

Pour connaître les dates de ces phases, il suffit de consulter un calendrier quelconque :

 *Nouvelle lune* : un cercle foncé.

 *Premier quartier* : comme le haut d'un p.

 *Pleine lune* : un cercle blanc.

 *Dernier quartier* : comme le bas d'un d.

La *lunaison* est l'intervalle (29 jours, 12 heures, 44 minutes et 2 secondes en moyenne) entre deux *nouvelles lunes*. On constate une nette différence entre sa vitesse de rotation par rapport aux étoiles et sa *lunaison* (2 jours, 5 heures...) ; c'est dû à son déplacement par rapport au soleil...

Ce qui nous importe n'étant pas sa vitesse mais son effet sur l'humanité, nous n'approfondirons pas ce lunatique dilemme.

Qu'on le veuille ou pas, la *lunaison* crée en nous des interférences notoires. Être *bien* ou *mal luné* est un état pathologique certain. Le hasard n'y est pour rien, la volonté non plus. C'est l'addition de divers éléments commandités par une puissance extérieure que nous ne maîtrisons pas.

La *lune* a ses effets que la raison ignore et ne fait que constater ; cependant, cette dernière peut les utiliser à son avantage, sans les manipuler car cela entraînerait ipso facto un résultat contraire à celui espéré. Mais on peut tenter de la comprendre.

## La nouvelle lune :

Cest le départ de la *lunaison* (ou *mois lunaire*).

Mais ce n'est pas non plus le meilleur moment pour se lancer dans des affaires délicates.

En effet, cette phase est dure, sans concession, et celui qui chercherait à négocier à ce moment là s'exposerait à trouver en face de lui un adversaire tout aussi décidé. En l'occurrence, tout le monde étant sur la défensive, le plus culotté l'emportera.

À l'opposé, choisir cette période pour mettre en place une protection du domicile sera bienvenue, ses effets sur les *ondes négatives* surpuissants, la volonté et l'énergie compensant la difficulté.

## Le premier quartier :

Il subit l'influence de la *nouvelle lune* qui vient à peine de s'achever et nous ne sommes pas encore entrés dans le bon moment des affaires faciles.

Mais ce qui est valable pour la première le sera pour la seconde, puisque l'énergie défensive reste latente. Le plus grand inconvénient de cette phase est le manque de confiance qu'elle génère. On ne peut pas dire qu'elle soit favorable aux amours, la confiance mutuelle ne régnant pas en maître.

Toutefois, ce n'est pas une raison pour stopper toute initiative, il suffit de savoir ce qu'on risque avant de décider...

**La pleine lune :**

La *pleine lune* est-elle positive ? Oui et non.

Elle l'est pour ceux et celles dont les intentions sont pures ; pour les autres, les jeteurs de sort, les envoûteurs et autres esprits malins, c'est courir le risque du *choc en retour* plus que jamais...

Ceux qui cherchent seulement à se protéger des *ondes négatives* disposeront là d'une période très favorable facilitant la mise en place du dispositif de défense. La *pleine lune* est au summum de sa phase dynamique, elle donne tout ce qu'elle peut et c'est le bon moment pour agir. Les amours sont aidées et leur naissance sera sous bonne garde...

**Le dernier quartier :**

Nous sommes partis d'une phase épineuse, la *pleine lune,* pour parvenir à la plus favorable, la *nouvelle lune*. Nous abordons maintenant le trajet en sens inverse ; on redescend la pente. Toutefois, ce qui n'a pas été fait durant la phase précédente ne doit pas être abandonné, il suffira de mettre les bouchées doubles. Attention aux amours nées à ce moment-là et qui se montreront plus sensibles à la moindre dispute ! La protection du domicile ne demandera qu'un peu plus d'attention, les *ondes négatives* ayant autant de difficulté à se mettre en place. Et tout recommence...

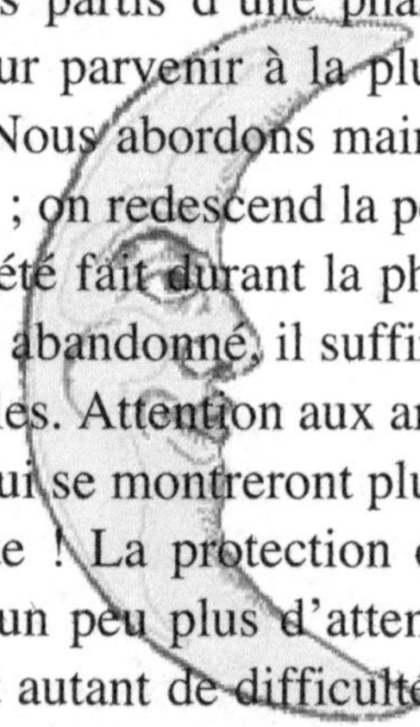

## 5 - La religion à votre secours

Contrairement aux animaux qui se débrouillent seuls, il est dans la nature humaine de faire appel à une aide extérieure lorsqu'un problème surgit.

C'est peut-être ce qui nous différencie le plus.

***Le seul problème est de savoir qui implorer.***

La *Tradition*, vue sur le plan liturgique, est la transmission de la *Vérité* d'après les *Écritures.*

La *superstition* (se tenir au dessus) est issue d'idées ajoutant à la *Tradition* des paroles et des actes qui sont parfois imaginaires, mais néanmoins estimés recevables par l'Église. C'est ainsi que, puisqu'on n'osait plus implorer directement le Seigneur, on créa le *saint spécialisé* en lui attribuant la branche dans laquelle il devenait le principal interlocuteur.

Dans son immense bonté, Dieu l'a accepté et Il nous écoute par l'intermédiaire du saint.

## Saints à invoquer pour le domicile :
(Numéro de la page entre parenthèses)

***Bénédiction du domicile :*** Roch (164).
***Bénédiction d'un commerce :*** Roch (164).
***Feu, foudre :*** Barbe (131), Fleur (140).
***Inondation :*** Geneviève (143), Maxe (154).
***Ondes négatives :*** Pierre de Vérone (160).
***Protection du domicile :*** Roch (164).
***Tempêtes, tornades :*** Christophe (134), Elme (137).
***Tremblements de terre, volcans :*** Agathe (124).
***Trouver une maison :*** Antoine de Padoue (128).
***Vendre une maison :*** Roch (164).
***Voisinage :*** Georges (144), Pierre (162).

## Cas particuliers, personnes fragilisées :

***Abus d'autorité maritale :*** Wilgeforte (169).
***Accusations injustes :*** André (125), Nicolas (156).
***Amitiés fausses :*** Jean l'Évangéliste (147).
***Animaux :*** François d'Assise (141).
***Brutalité, haine, barbarie :*** Sébastien (166).
***Causes désespérées :*** Jude (150), Raphaël (161).
***Causes urgentes :*** Expédit (139), Rita (162).
***Dépression :*** Augustin (130), Vit (Guy) (168).
***Expulsion, saisie d'huissier :*** Frézal (142).
***Femmes enceintes :*** Marguerite (152).
***Femmes seules, filles à marier :*** Catherine (133).
***Impuissance masculine :*** Luc (151).

***Insomnies :*** Marie du Secours (153).
***Malchance :*** Michel (155).
***Maléfices, démons :*** Benoît (132), Cybard (135).
***Mariage :*** Joseph (148).
***Mémoire :*** Étienne (138).
***Objet perdu :*** Antoine de Padoue (128).
***Peur :*** Élisabeth (136), Paul (157).
***Pluie :*** Maxe (154), Rémi (163).
***Ruptures :*** Gérard (145), Joseph (148).
***Stérilité :*** Anne (126), Marguerite (152).
***Tromperie, mensonge :*** Jacques (146).
***Vols et Voleurs :*** Vincent (167).

Quand il y en a plus d'un pour le même sujet, on peut en choisir un seul ou les invoquer tous.

Sans oublier *Jésus* et *Marie,* prêts à nous aider en toutes circonstances. Nous les mettons en tête de liste, c'est la moindre des choses (118-121).

***Au sigle † : faire un signe de croix.***

*Le plus grand saint n'est pas le plus paisible ni le moins sanglant, mais celui qui a vaincu le plus de démons.*
André Suarès (1868-1948)

## Jésus, Marie, et les saints :

***Jésus Christ*** :

La plupart du temps représenté sur la *croix,* on en trouve en statuette, en médaille ou en image, debout, bénissant les fidèles, guérissant un malade ou offrant sa vie et son cœur...

Il vous aidera à combattre le mal.

***La Vierge Marie*** :

Représentée lors de l'apparition à *Lourdes* (à gauche), en *Pieta* (à droite), en *Mater Dolorosa* ou autrement, une figurine de la *Vierge* sera bienvenue dans

une maison pour la protéger contre les mauvaises influences.

## Litanie du Saint Nom de Jésus

†

Seigneur, ayez pitié de nous.
Jésus-Christ, ayez pitié de nous.
Seigneur, ayez pitié de nous.
Jésus, écoutez-nous.
Jésus, exaucez-nous.
Père céleste, qui êtes Dieu, ayez pitié de nous.
Fils Rédempteur du monde, qui êtes Dieu, ayez pitié de nous.
Esprit Saint, qui êtes Dieu, ayez pitié de nous.
Trinité Sainte, qui êtes un seul Dieu, ayez pitié de nous.
Jésus, Fils du Dieu vivant, ayez pitié de nous.
Jésus, splendeur du Père, ayez pitié de nous.
Jésus, l'éclat de la lumière éternelle, ayez pitié de nous.
Jésus, roi de gloire, ayez pitié de nous.
Jésus, soleil de justice, ayez pitié de nous.
Jésus, fils de la Vierge Marie, ayez pitié de nous,
Jésus aimable, ayez pitié de nous.
Jésus admirable, ayez pitié de nous,
Jésus, Dieu fort, ayez pitié de nous.
Jésus, Père du siècle à venir, ayez pitié de nous.
Jésus, Ange du conseil céleste, ayez pitié de nous.
Jésus très puissant, ayez pitié de nous.
Jésus très patient, ayez pitié de nous.
Jésus très obéissant, ayez pitié de nous.
Jésus doux et humble de cœur, ayez pitié de nous.
Jésus, qui aimez la chasteté, ayez pitié de nous.
Jésus, qui nous avez tant aimé, ayez pitié de nous.
Jésus, Dieu de paix, ayez pitié de nous.
Jésus, auteur de la vie, ayez pitié de nous.
Jésus, modèle des vertus, ayez pitié de nous.
Jésus, dévoré de zèle pour les âmes, ayez pitié de nous.
Jésus, notre Dieu, ayez pitié de nous.
Jésus, notre refuge, ayez pitié de nous.
Jésus, père des pauvres, ayez pitié de nous.
Jésus, trésor des fidèles, ayez pitié de nous.

Jésus, bon Pasteur, ayez pitié de nous.
Jésus, vraie lumière, ayez pitié de nous.
Jésus, sagesse éternelle, ayez pitié de nous.
Jésus, bonté infinie, ayez pitié de nous.
Jésus, notre voie et notre vie, ayez pitié de nous.
Jésus, joie des Anges, ayez pitié de nous.
Jésus, roi des Patriarches, ayez pitié de nous.
Jésus, maître des Apôtres, ayez pitié de nous.
Jésus, docteur des Évangélistes, ayez pitié de nous.
Jésus, force des Martyrs, ayez pitié de nous.
Jésus, lumière des Confesseurs, ayez pitié de nous.
Jésus, pureté des Vierges, ayez pitié de nous.
Jésus, couronne de tous les Saints, ayez pitié de nous.
Soyez-nous propice, pardonnez-nous, Jésus.
Soyez-nous propice, exaucez-nous, Jésus.
De tout mal, délivrez-nous, Jésus.
De tout péché, délivrez-nous, Jésus.
De votre colère, délivrez-nous, Jésus.
Des embûches du démon, délivrez-nous, Jésus.
De l'esprit impur, délivrez-nous, Jésus.
De la mort éternelle, délivrez-nous, Jésus.
Du mépris de vos divines inspirations,
délivrez-nous, Jésus.
Par le mystère de la sainte Incarnation,
délivrez-nous, Jésus.
Par votre Naissance, délivrez-nous, Jésus.
Par votre Enfance, délivrez-nous, Jésus.
Par votre vie toute divine, délivrez-nous, Jésus.
Par vos travaux, délivrez-nous, Jésus.
Par votre agonie et votre Passion, délivrez-nous, Jésus.
Par votre Croix et votre abandon, délivrez-nous, Jésus.
Par vos langueurs, délivrez-nous, Jésus.
Par votre mort et votre sépulture, délivrez-nous, Jésus.
Par votre Résurrection, délivrez-nous, Jésus.
Par votre Ascension, délivrez-nous, Jésus.
Par vos saintes joies, délivrez-nous, Jésus.
Par votre gloire, délivrez-nous, Jésus.

Agneau de Dieu qui effacez les péchés du monde,
pardonnez-nous, Jésus.
Agneau de Dieu, qui effacez les péchés du monde,
exaucez-nous, Jésus.
Agneau de Dieu, qui effacez les péchés du monde,
ayez pitié de nous, Jésus.
Jésus, écoutez-nous.
Jésus, exaucez-nous.

† Prions : Seigneur Jésus Christ, qui avez dit :« *demandez, et vous recevrez ; cherchez, et vous trouverez ; frappez, et l'on vous ouvrira* » : faites-nous la grâce, s'il vous plaît, d'être embrasés de votre amour tout divin, afin que nous vous aimions de tout notre cœur, en vous confessant de bouche et par nos actions, et que jamais nous ne cessions de vous aimer. Ainsi soit-il. †

## Litanie de la Sainte Vierge

†

Seigneur, ayez pitié de nous.
Jésus-Christ, ayez pitié de nous.
Seigneur, ayez pitié de nous.
Jésus, écoutez-nous.
Jésus, exaucez-nous.
Père céleste, qui êtes Dieu, ayez pitié de nous.
Fils Rédempteur du monde, qui êtes Dieu, ayez pitié de nous.
Esprit Saint, qui êtes Dieu, ayez pitié de nous.
Trinité Sainte, qui êtes un seul Dieu, ayez pitié de nous.
Sainte Marie, priez pour nous.
Sainte Mère de Dieu, priez pour nous.
Sainte Vierge des vierges, priez pour nous.
Mère du Christ, priez pour nous.
Mère de la divine grâce, priez pour nous.
Mère très pure, priez pour nous.
Mère très chaste, priez pour nous.
Mère toujours vierge, priez pour nous.

Mère sans tâche, priez pour nous.
Mère aimable, priez pour nous.
Mère admirable, priez pour nous.
Mère du Bon Conseil, priez pour nous.
Mère du Créateur, priez pour nous.
Mère du Sauveur, priez pour nous.
Vierge très prudente, priez pour nous.
Vierge vénérable, priez pour nous.
Vierge digne de louanges, priez pour nous.
Vierge puissante, priez pour nous.
Vierge clémente, priez pour nous.
Vierge fidèle, priez pour nous.
Miroir de justice, priez pour nous.
Trône de la sagesse, priez pour nous.
Cause de notre joie, priez pour nous.
Vase spirituel, priez pour nous.
Vase d'honneur, priez pour nous.
Vase insigne de la dévotion, priez pour nous.
Rose mystique, priez pour nous.
Tour de David, priez pour nous.
Tour d'ivoire, priez pour nous.
Maison d'or, priez pour nous.
Arche d'Alliance, priez pour nous.
Porte du ciel, priez pour nous.
Étoile du matin, priez pour nous.
Salut des infirmes, priez pour nous.
Refuge des pécheurs, priez pour nous.
Consolatrice des affligés, priez pour nous.
Secours des chrétiens, priez pour nous.
Reine des Anges, priez pour nous.
Reine des Patriarches, priez pour nous.
Reine des Prophètes, priez pour nous.
Reine des Apôtres, priez pour nous.
Reine des Martyrs, priez pour nous.
Reine des Confesseurs, priez pour nous.
Reine des Vierges, priez pour nous.
Reine de tous les saints, priez pour nous.

Reine conçue sans péché, priez pour nous.
Agneau de Dieu, qui effacez les péchés du monde,
pardonnez-nous, Seigneur.
Agneau de Dieu, qui effacez les péchés du monde,
exaucez-nous, Seigneur.
Agneau de Dieu, qui effacez les péchés du monde,
ayez pitié de nous.
Priez pour nous, Sainte Mère de Dieu, afin que nous
devenions dignes des promesses de Jésus Christ.

† Prions : Daignez, Seigneur, donner en tout temps à vos serviteurs la santé de l'âme et du corps, et accordez-nous, par l'intercession de la bienheureuse Marie toujours Vierge, d'être délivrés des maux de la vie présente et de jouir dans le ciel de l'éternelle félicité.

Par Notre Seigneur Jésus-Christ. †

*L'omission motivée des prières n'a jamais été un péché. L'aspiration vers Dieu, fût-elle brève comme l'éclair, vaut mieux que cinquante chapelets ânonnés par de soi-disant dévotes, ou la récitation d'un bréviaire, dans la rue, par un prêtre qui n'en lorgne pas moins effrontément les personnes qui passent.* Abbé Julio.

*Prie pour mon âme. La prière a un plus grand pouvoir que les hommes ne l'imaginent.* Lord Alfred Tennyson.

*AGATHE* (grec *agathos* : divin) :
Éruptions volcaniques et tremblements de terre.

Née à Catane, au pied de l'Etna, elle décida très jeune de se consacrer à Dieu et se refusa à Quintianus, le préfet de Rome ; furieux, celui-ci la condamna à être violée et à avoir les seins coupés ; miraculeusement guérie par Saint Pierre, elle fut roulée, nue, sur des charbons ardents sur l'ordre de Quintianus et mourut en 251.

Les habitants de Catane, dont elle est la protectrice, l'invoquent à chaque éruption de l'Etna et on la fête le 5 février.

**Invocation à sainte AGATHE :**

† Ô Bienheureuse Sainte Agathe, que Notre Seigneur Jésus-Christ a proclamée — *âme sainte, dévouée, honneur de Dieu, protectrice de la ville de Catane,* je me recommande à ta protection : † La terre s'est émue et a tremblé ! Les fondements de la montagne sont ébranlés, la fumée a monté et un feu va jaillir ! † Sainte Agathe, fais que jamais ne nuisent les tremblements de terre ou les éruptions volcaniques ! Avec ta prière et la mienne, la terre se calmera.
† Par la grâce de Notre Seigneur Jésus-Christ.
† Ainsi soit-il.

***ANDRÉ*** (grec *andròs* : homme) :

Accusations injustes, calomnies.

d'après Murillo

L'un des 12 apôtres, frère de saint Pierre et pêcheur comme lui ; comme on lui ordonnait d'abjurer sa foi, il répondit : *Si je craignais le supplice de la croix, je ne prêcherais pas la grandeur de la Croix !*

Il fut condamné, et, quand il vit sa croix, s'écria : *Je viens à toi avec joie, rends-moi à mon divin maître !*

Il sera crucifié, lié avec des cordes pour prolonger ses souffrances, sur une croix en forme de X qu'on appelle depuis la *croix de Saint André.*

C'est le patron de l'Écosse et des pêcheurs ; on le fête le 30 novembre.

**Invocation à saint ANDRÉ :**

† Ô Dieu, par le ministère du bienheureux André, vous avez fait germer la semence de l'Évangile !

† Exaucez mes prières, faites que nous ressentions les effets de l'intercession de votre Saint Apôtre auprès de Votre Divine Majesté !

† Saint André, toi qui es particulièrement invoqué par ceux qui sont injustement accusés et calomniés, prie pour nous et assiste-nous !

† Saint André, protège-nous !

† Par la grâce de Notre Seigneur Jésus-Christ.

† Ainsi soit-il.

*ANNE* (hébreu *hana* : gracieuse) : Aide les femmes seules, abandonnées, veuves ou stériles.

Anne et Joachim habitent Nazareth, en Galilée ; Joachim possède un grand troupeau de moutons et de chèvres. Anne dirige la demeure familiale. Mariés depuis 20 ans, ils n'ont pas d'enfant. Un jour que Joachim apporte ses présents à l'autel du Temple, le prêtre lui dit : *Comment oses-tu te joindre à ceux qui honorent le Seigneur, toi qui n'as pas donné d'enfant à Juda ?*

*Sainte Anne et la Vierge Marie, sculpture XVIe*

Culpabilisés et traumatisés, ils jeûnent tous les deux pendant 50 jours.

Au bout de ce délai, un ange apparaît à Joachim en l'assurant que son épouse aura un enfant et qu'il peut cesser jeûne et prières.

Joachim revient à la maison pour annoncer la bonne nouvelle à Anne qui lui dit avoir eu la même visite et une annonce semblable.

Et, le 8 septembre de l'an 20 avant Jésus-Christ, naît une fille qu'ils appellent *Marie* et qui deviendra, par l'opération du Saint Esprit, la mère de Jésus.

On ne sait quand mourut sainte Anne, mais on suppose que son corps fut transporté en Bretagne...

Sainte Anne protège, aide et rassure les femmes seules, abandonnées, veuves et facilite la grossesse de celles qui sont stériles. Patronne des lingères.

Fête le 26 juillet.

## Invocations à sainte ANNE :

*Femmes seules :*

† Sainte Anne, heureuse mère de la sainte Vierge, toi dont ni les Saintes Écritures, ni l'Église ne nous disent rien, toi dont le petit-fils, notre Seigneur Jésus Christ vint sur terre pour sauver le genre humain, aide-moi à rompre la solitude qui m'accable !

† Ne cesse pas d'intercéder pour que ma solitude soit enfin rompue, pour que je rencontre un homme qui m'aimera, qui me protègera comme tu le fus par ton cher et dévoué époux Joachim.

† Sainte Anne, toi qui jeûnas pendant 50 jours, toi qui fus exaucée par le Seigneur, prie pour moi, aide-moi à retrouver confiance.

† Par la grâce de Notre Seigneur Jésus-Christ.

† Ainsi soit-il.

*Femmes stériles :*

† Sainte Anne, toi qui fus choisie par le Seigneur malgré ton âge avancé pour mettre au monde celle dont naquit Seigneur Jésus,

† Toi qui eus le courage de jeûner pendant cinquante jours avec ton époux Joachim,

† Toi qui eus l'immense bonheur d'être exaucée, aide-moi à avoir mon enfant à mon tour !

† Sainte Anne, toi qui as conçu la bienheureuse Vierge Marie pour qu'elle ait la grâce de porter en son sein Notre Seigneur Jésus, fais que mon ventre porte enfin l'enfant que je réclame ! Ne cesse pas d'intercéder pour moi auprès du Seigneur.

† Par la grâce de Notre Seigneur Jésus-Christ.

† Ainsi soit-il.

*ANTOINE DE PADOUE* : Pour trouver un domicile ou retrouver des objets perdus.

*d'après Vivarini*

Né à Lisbonne en 1195, mort à Padoue en 1231, il entra dans l'ordre de saint François qui vivait encore et qui lui donna la mission de prêcher. Il avait une éloquence entraînante. Il parcourut l'Italie et la France, entouré d'une foule avide de sa parole. En même temps, il enseigna la théologie à Bologne, à Montpellier, à Toulouse et à Châteauroux.

Il lutta activement contre les cathares et on lui attribue nombre de miracles. Courageux, il arrêta un carnage qui se faisait à Vérone en apostrophant le responsable : *Ignores-tu que la justice de Dieu est prête à t'écraser si tu continues à verser le sang des innocents ?* Le meurtrier lui demanda pardon.

Surnommé *L'Arche du Testament* et proclamé *Docteur de l'Église* en 1946 pour sa science et son éloquence, il parlait aussi bien le latin, le français ou l'italien ; il a la faculté de faire trouver les objets perdus, les gens égarés, voire une maison pour qui cherche à se loger.

*d'après Frey Carlos*

Mort à 36 ans, c'est le saint le plus invoqué par les chrétiens et la plupart des églises présentent un tronc à son nom... La ville de Padoue en a fait son patron.

Fêté le 13 juin.

**Invocations à saint ANTOINE DE PADOUE :**

*Pour trouver un domicile :*

† Saint Antoine de Padoue, toi qui vois Dieu face à face, et qui, malgré l'extase éternelle dans laquelle tu vis au ciel, as encore de la compassion pour ceux qui sont, ici-bas, dans les sollicitudes de la vie,
† Toi que l'on n'invoque jamais en vain dans les dangers, dans les calamités, et dans les divisions de famille,
† Toi qui mets en fuite les démons, qui as arraché au malin des milliers d'âmes perdues,
† Toi qui pouvais être en plusieurs endroits à la fois, aide-moi à trouver le domicile dans lequel je pourrai faire vivre ma famille en sécurité.
† Par la grâce de Notre Seigneur Jésus-Christ.
† Ainsi soit-il.

*Pour retrouver un objet perdu :*

† Saint Antoine de Padoue, toi qui vois Dieu face à face, et qui, malgré l'extase éternelle dans laquelle tu vis au ciel, as encore de la compassion pour ceux qui sont, ici-bas, dans les sollicitudes de la vie,
† Toi que l'on n'invoque jamais en vain dans les dangers, dans les calamités, et dans les divisions de famille,
† Toi qui mets en fuite les démons, qui as arraché au malin des milliers d'âmes perdues,
† Toi qui pouvais être en plusieurs endroits à la fois, aide-moi à retrouver (*citer la personne ou l'objet*) que j'ai perdu.
† Par la grâce de Notre Seigneur Jésus-Christ.
† Ainsi soit-il.

*AUGUSTIN* (latin *augustus* : grand, vénérable) :
Contre la dépression, l'abattement.

Né en 354, en Afrique romanisée, de Patricius, païen, et de Monique, chrétienne, il meurt en 430 près de Bône. Débauché mais converti par sa mère, il se fait baptiser en 387 par saint Ambroise et veut revenir en Afrique ; à l'embarquement, sa mère, sainte Monique, meurt. Il vend tous ses biens pour en donner le revenu aux pauvres, quitte l'Italie et se fixe à Hippone.

*Saint Augustin, d'après Botticelli*

Nommé prêtre de la ville en 391, il en devient l'évêque en 396. Deux thèmes essentiels font la doctrine d'Augustin : Dieu et le destin de l'homme, perdu dans le péché et sauvé par la grâce.

Son influence est forte dans la théologie. Il a fait des commentaires célèbres sur le chant sacré dont *l'Alleluia* a laissé des traces dans la musique médiévale. Il a écrit 270 *Lettres de Saint Augustin* sur la moralité, le dogme et la philosophie. Fête : 28 août.

**Invocation à saint AUGUSTIN :**

† Glorieux saint Augustin, toi qui as su te convertir et nous donner un tel exemple de sainteté,
† Toi qui as donné, par ton travail acharné, les bases de sa doctrine à l'Église, aide-moi à retrouver ma volonté de vivre pour le bien-être de ma famille !
† Aide-moi à vaincre cette dépression chronique qui me tourmente !
† Par la grâce de Notre Seigneur Jésus-Christ.
† Ainsi soit-il.

*BARBE* :
Protection contre la foudre, le feu...

Jeune fille sage, Barbe était l'enfant de Dioscore, un père indigne ne supportant pas la beauté de sa fille, au point qu'il la fit enfermer dans une tour pour la cacher. Une âme "charitable" affirma au père que Barbe était chrétienne et refusait de se marier.
Il la traîna devant un tribunal et la décapita de sa main ! En punition de ce crime affreux, la foudre frappa et élimina le méchant homme.

Depuis, et parce qu'ils vivent avec la foudre eux aussi, les artilleurs, les mineurs et les pompiers ont pris sainte Barbe pour patronne.

Fêtée le 4 décembre, jusqu'en 1970, où l'Église la remplaça par sainte Barbara...

**Invocation à sainte BARBE :**

† Sainte Barbe, toi qui fus si belle et si chaste, fais que jamais ici ne puisse nuire la foudre.
† Toi qui fus l'alliée de la foudre au point d'être vengée par elle, fais qu'elle se calme et épargne ma maison.
† Chasse-la comme tu le fis des prétendants et fais qu'aucune intempérie ne vienne consumer ou perdre les fruits de la terre.
† Par la grâce de Notre Seigneur Jésus-Christ.
† Ainsi soit-il.

**BENOÎT** (latin *benedictus* : béni) :
Contre les maléfices et les jeteurs de sorts.

*Saint Benoît détail d'une fresque du monastère de Subiaco*

Né à Nurcie, élevé à Rome, issu d'une famille noble, il avait 14 ans quand il se retira pendant 3 ans dans une caverne : la corruption le révoltait ; un moine lui passait sa nourriture avec une corde munie d'une clochette pour le prévenir ; assailli par la tentation après avoir vu une femme, il se roula tout nu dans les orties et les ronces pour éteindre la révolte des sens ; il fut élu abbé par les moines de Subiaco, mais sa sévérité les mécontenta ; ils lui offrirent un breuvage empoisonné ; au moment de le boire, la coupe éclata. Il fonda plusieurs monastères, dont celui de *Monte Cassino* (529), souvent détruit (l'ultime fois en 1944), et qui fut chaque fois reconstruit.

La *Règle de Saint Benoît* (*bénédictine*) fixe le service de Dieu par la sanctification des moines ; des centaines de milliers de moines, 5.000 évêques et 23 papes en sont issus. Fête le 11 juillet.

**Invocation à saint BENOÎT :**

† Faites, Seigneur, que, par l'intercession de saint Benoît, vous éloigniez de nous les maux dont nous souffrons. Que votre bienheureux serviteur détourne par ses prières tout ce qui nous éloignerait de Vous.
† Saint Benoît, préserve-nous de toutes les attaques du démon, des maléfices et des malheurs imprévus.
† Par la grâce de Notre Seigneur Jésus-Christ.
† Ainsi soit-il.

*CATHERINE* (grec *katharòs* : pur) : Protège les jeunes filles et les aide à trouver un mari.

Catherine d'Alexandrie, morte en 307, devint chrétienne sur les conseils d'un ermite. Érudite, elle refusa de sacrifier aux dieux et convertit 50 philosophes que Maximin fit périr sur le bûcher. Il la fit attacher à une roue garnie de pointes qui se brisa, puis lacérer avec des lanières de cuir, jeter dans un cachot sans nourriture où des anges la soignèrent et la guérirent. L'impératrice fut convertie à son tour avec 100 soldats de la garde impériale, puis l'empereur fit tuer son épouse et les soldats et enfin décapiter Catherine. Son corps fut porté par des anges sur le mont Sinaï. Au XVIe siècle, dans les églises, la coiffure de la statue de sainte Catherine était renouvelée par des jeunes filles de 25 ans le jour de sa fête. D'où la coutume de *coiffer Sainte Catherine*. Fête le 25 novembre.

**Invocation à sainte CATHERINE :**

† Daigne, sainte Catherine, être la puissante avocate dont j'ai besoin pour trouver un époux favorable.

† Sainte Catherine, aide-moi à trouver le mari avec lequel je pourrai aimer et servir Dieu en parfaite union et concorde et attirer la bénédiction sur notre famille en illuminant ma vie comme j'illuminerai la sienne !

† Par la grâce de Notre Seigneur Jésus-Christ.

† Ainsi soit-il.

***CHRISTOPHE*** (littéralement : *qui porte le Christ*) : Contre les tempêtes, les tornades.

Christophe était un colosse faisant passer les torrents en crue et dépourvus de ponts aux voyageurs en les portant sur son dos.

Il échoua pourtant un jour avec l'Enfant Jésus car il crut porter tout le poids du monde et ce miracle le poussa à se convertir.

Il eut la tête tranchée pour avoir refusé de renier sa foi.

Il était le patron des porte-faix de Paris et devint celui des chauffeurs de taxi et des voyageurs, quel que soit leur mode de locomotion.

Fête le 21 août.

### Invocation à saint CHRISTOPHE :

† Glorieux martyr saint Christophe, obtiens, je t'en supplie, à ceux qui implorent ton puissant secours, d'être préservés des tempêtes et des tornades !

† Protège-nous contre les châtiments du temps et de l'Éternité !

† Saint Christophe, toi qui fis passer les eaux tumultueuses à Notre Seigneur Jésus-Christ, je mets en toi toute ma confiance.

† Comme Jésus en sécurité sur tes épaules, je serai sûr de ne plus rien avoir à craindre des éléments !

† Par la grâce de Notre Seigneur Jésus-Christ.

† Ainsi soit-il.

***CYBARD*** (évolution de son nom : *Euparchius*) :
Contre les maléfices et les démons.

Né en 493 en Périgord, fils de Félix Auréolus et de Principia, il devient clerc à Périgueux. Il va à Angoulème et s'installe dans une grotte en 537, au dessus de la Charente. Il rassemble des disciples dans un monastère et se fait remarquer par sa sainteté ; puis il sauve de la pendaison un homme condamné par le comte d'Angoulème.

En 558, il rachète 175 esclaves pour les libérer.

Mort à 88 ans en 581, sa légende se développe très rapidement et plusieurs églises d'Angoulème et des environs lui sont dédiées.

**Invocation à saint CYBARD :**

† Glorieux saint Cybard, défends-nous contre tous les ennemis qui nous entourent !
† Ne permets pas qu'ils nous portent à offenser Dieu et ordonne-leur de sortir, de quitter notre corps, de fuir notre esprit qu'ils rendent malade !
† Combats-les et mets-les en fuite s'ils veulent faire du mal à notre âme par des mauvaises passions qu'ils cherchent à faire naître en elle !
† Triomphe de leur malice et assiste-nous.
† Par la grâce de Notre Seigneur Jésus-Christ.
† Ainsi soit-il.

***ÉLISABETH*** (hébreu : *serment de Dieu*) :
Contre la peur, la décomposition de l'âme.

d'après Murillo

Fille du roi de Hongrie, née en 1207, elle épousa Louis de Hesse. Dans un hôpital installé au pied de son château, elle soignait les lépreux de ses mains et leur donnait des aides.

Un jour, son mari la surprit portant dans son tablier les aumônes destinées aux pauvres ; quand il la questionna, celles-ci se transformèrent en roses.

Elle avait 4 enfants quand elle fut veuve ; aussitôt chassée par ses beaux-frères, elle se fit construire une cabane dans la vallée et continua à soigner les lépreux. Elle mourut à 24 ans et fut canonisée par Grégoire IX en 1235. Fête le 17 novembre.

**Invocation à ÉLISABETH :**

† Ô Sainte Élisabeth, ne m'abandonne pas, ne me délaisse pas ; aide-moi à vivre dans la tranquillité.
† Éloigne de moi l'angoisse, l'appréhension, la peur, l'anxiété, l'inquiétude, qui me rongent nuit et jour !
† Que ces problèmes trouvent une solution radicale pour que je puisse vivre enfin en paix ; aide-moi à recomposer mon âme pour l'amour de Dieu.
† Par la grâce de Notre Seigneur Jésus-Christ.
† Ainsi soit-il.

***ELME ou ÉRASME*** :
Contre les tempêtes, les tornades.

Évêque de Formies, en Italie, au Ve siècle. Les Lombards ariens le firent périr dans d'affreux tourments : ses intestins furent enroulés sur un treuil ! C'est sans doute pourquoi il fut invoqué pour les maux d'entrailles et devint le patron des femmes enceintes en Italie...

Il est aussi celui des marins qu'il protège contre les tempêtes et les coups de vent. Les marins appellent *feu saint Elme* les étincelles électriques jaillissant au sommet des mâts pendant les orages.

Bologne, Naples, Vérone, Cologne et Valence ont de ses reliques. Il a été confondu à tort avec deux autres martyrs du même nom sous les règnes de Dioclétien et de Maximien.

**Invocation à saint ELME :**

† Glorieux martyr saint Elme, obtiens, je t'en prie, à ceux qui implorent ton secours, d'être préservés des tempêtes et des tornades !
† Protège-nous contre les châtiments du temps et de l'Éternité !
† Saint Elme, toi qui sais si bien protéger les marins, évite-nous la tempête qui vient !
† Avec toi, je serai sûr de ne plus rien avoir à craindre des éléments sur ma maison !
† Par la grâce de Notre Seigneur Jésus-Christ.
† Ainsi soit-il.

**_ÉTIENNE_ (grec _stéphanos_ : couronné) :**
**Contre la perte de la mémoire.**

*La lapidation d'Étienne, d'après Mariani*

Ce fut le premier diacre nommé par les apôtres. En l'an 35, peu après la mort de Jésus, de faux témoins l'accusant de blasphémer contre le patriarche Moïse, il fut arrêté.

Condamné, il s'écria, en levant les yeux au ciel :

— *Je vois le Fils de l'homme debout à la droite de Dieu !* Aussitôt, les juifs le lapidèrent.

Ses restes furent retrouvés en 415 et des reliques sont conservées à Besançon où elles sont à l'origine de nombreux miracles.

On le fête le 26 décembre.

## Invocation à saint ÉTIENNE :

† Grand saint Étienne, toi qui es l'espoir des affligés, sois mon avocat auprès du Seigneur pour que je ne sois plus atteint de pertes de mémoire inexpliquées.
† Pour la protection de ma famille, aide-moi à me sortir de cette difficulté qui me gêne tant dans mon travail, au point que je pourrais le perdre !
† Grand saint Étienne, toi qui as vu Jésus à la droite de Dieu et qui n'as pas craint de le clamer malgré les risques, exauce-moi !
† Par la grâce de Notre Seigneur Jésus-Christ.
† Ainsi soit-il.

*EXPÉDIT* :
Pour les causes urgentes.

Tout ce qu'on sait de saint Expédit est qu'il exista au IVe siècle, à Mélitène (aujourd'hui Eski-Malatya) en Turquie. Il faisait partie d'un petit groupe de six croyants qui furent martyrisés ensemble.

Il devait s'appeler Elpidius, mais son nom ayant été mal recopié devint Expédit...

À moins que ce soit parce qu'on l'invoque pour des cas urgents et que, par un jeu de mot vulgaire, on l'ait assimilé un peu vite à l'adjectif *expéditif*...

**Invocation à saint EXPÉDIT :**

† Saint Expédit, qui as tout perdu pour gagner Jésus Christ, qui as été frappé de verges, qui as glorieusement péri par le glaive, aide-moi !
† Saint Expédit, mon secours dans les difficultés urgentes, mon soutien fidèle, écoute-moi !
† Je t'en supplie à genoux, ne remets pas à demain ce qu'il faut régler aujourd'hui même !
† Toi qui as toujours soutenu ceux qui croient en toi, viens à mon secours, ne me laisse pas seul !
† Saint Expédit, je crois en toi et ne t'appelle pas en vain, aide-moi à résoudre mon problème urgent :
*formulez votre demande avec tous les détails...*
† Je te remercie pour ton soutien, saint Expédit, que la grâce de Dieu nous protège !
† Par la grâce de Notre Seigneur Jésus-Christ.
† Ainsi soit-il.

*FLEUR ou FLORE* :
Contre le feu, l'incendie et la foudre.

Née à Séville d'un père musulman et d'une mère chrétienne, elle se convertit à la religion de sa mère et mena une vie de sacrifices.

Son père et son frère tentèrent vainement de la faire abjurer.
Devant son refus catégorique, le frère, pourtant plus jeune, lui tranche la tête lui-même après l'avoir fait longuement supplicier par des soldats.
Elle mourut ainsi en 851.

**Invocation à sainte FLEUR :**

† Glorieuse martyr sainte Fleur, toi qui sus résister à toutes les menaces, je te prie avec une grande confiance d'intercéder pour moi auprès de Dieu afin qu'il ne fasse pas tomber sur nous la foudre du ciel et de sa colère !
† Je suis un grand pècheur, c'est vrai, et je demande le pardon de mes péchés.
† Fais que jamais ici ne puissent nuire la foudre, le feu ou l'incendie et qu'aucune intempérie ne vienne consumer ou perdre les fruits de la terre et mettre mon domicile en péril !
† Éclaire le ciel pour que le soleil y resplendisse !
† Par la grâce de Notre Seigneur Jésus-Christ.
† Ainsi soit-il.

***FRANÇOIS D'ASSISE*** (il se prénommait Jean) : Protection des animaux.

*recevant les stigmates, d'après Giotto*

Son père, un riche marchand, donna à Jean le surnom de François au retour d'un voyage en France. Né à Assise (Italie) en 1182, il eut une jeunesse turbulente, puis fut fait prisonnier durant la guerre entre Assise et Pérouse. Un pélerinage à Rome provoqua sa conversion.

Il vivait d'aumônes, soignait les lépreux, réparait les églises, et appelait les animaux *"mes frères"*. Trois disciples et lui formèrent l'ordre des *frères mineurs* ou *franciscains.* Parti au Maroc évangéliser les Maures, il en revint malade.

Suite à une vision, il eut les *stigmates des plaies du Christ* imprimés aux mains, aux pieds et au flanc. Il mourut dans une cabane misérable en octobre 1226 et le pape Grégoire IX, émerveillé, le canonisa très rapidement, en 1228. Fête le 4 octobre.

## Invocation à saint FRANÇOIS D'ASSISE :

† Grand saint François, toi que l'on invoque pour obtenir de Dieu la guérison de nos amies les bêtes, présente ma demande au Seigneur et fais que, par ton entremise, (*citer le nom de l'animal*) soit vite guéri du mal qui le ronge.

† Que le démon ou les méchantes gens n'aient jamais sur lui d'action malfaisante !

† Par la grâce de Notre Seigneur Jésus-Christ.

† Ainsi soit-il.

***FRÉZAL de MENDE*** :
Contre les expulsions et les saisies d'huissiers.

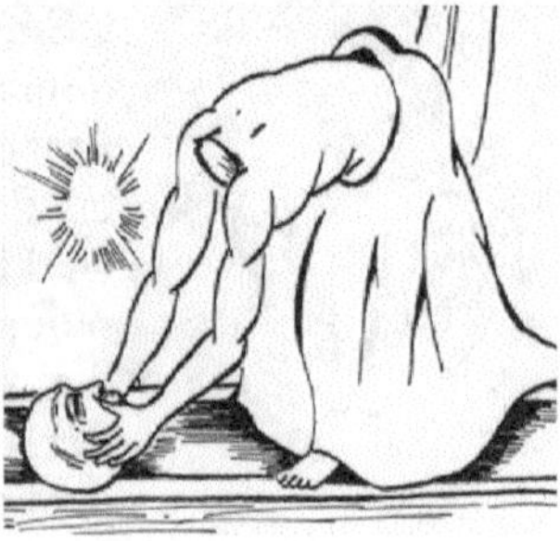

Évêque des "Gabales", le futur Gévaudan, en 828, sous le règne de Louis le Pieux, il eut la tête tranchée par son neveu qui voulait sa place. Le neveu fut étranglé par le diable et Frézal ramassa sa tête pour la porter à l'endroit où il voulait être enterré.

Son sarcophage reposerait dans une chapelle des environs de Mende, dite *chapelle Saint Frézal.*

Un évêque de Mende voulut transférer ses reliques à l'épiscopat en 1628, mais jamais la porte de la chapelle ne put être franchie : le saint s'y opposait.

## Invocation à saint FRÉZAL :

† Saint Frézal, toi qui t'opposas au déménagement de ton sarcophage, aide-moi à résister à ces hommes de loi qui veulent m'expulser de mon domicile !
† Protège ma demeure contre ces gens qui tentent maintenant de m'en chasser !
† Saint Frézal, toi qui ramassas ta tête après qu'elle eût été tranchée, fais fuir ceux qui en veulent à mon bien de famille (*ou à mon domicile*).
† Rends-moi ma dignité !
† Par la grâce de Notre Seigneur Jésus-Christ.
† Ainsi soit-il.

*GENEVIÈVE* (grec *gênos* : origine) :
Contre les risques d'inondation.

*d'après une peinture anonyme du XVIIe*

Née à Nanterre vers 420, fille de paysans, elle rencontre saint Germain qui la consacre à Dieu ; elle mène alors une vie ascétique. En 451, les Huns d'Attila menacent d'envahir Paris dont les habitants veulent fuir, mais la jeune femme les encourage à rester en leur garantissant qu'ils n'avaient rien à craindre. Sa parole se réalise et les Huns n'entrent pas.

Au cours d'un autre siège, la famine décimant la population, Geneviève promet du pain et s'échappe de la ville ; elle ramène de Troyes onze bâtiments remplis de blé. Elle est alors vénérée par le peuple, le roi Clovis et la reine Clotilde ont recours à ses conseils, la conversion du roi lui étant même attribuée. Elle serait morte en 512, à 92 ans !

Ses restes sont placés dans une châsse, œuvre de saint Éloi. En 1793, les Révolutionnaires ont tout dévasté et il ne reste que des débris conservés dans une petite châsse. Fête le 3 janvier.

**Invocation à sainte GENEVIÈVE :**

† Ô sainte Geneviève, toi qui sus empêcher les Huns d'envahir Paris, arrête ces flots tumultueux qui nous menacent, fais-les rentrer dans leur lit !
† Protège nos maisons de l'impétuosité de la rivière et rends-nous la sérénité !
† Par la grâce de Notre Seigneur Jésus-Christ.
† Ainsi soit-il.

**GEORGES** (grec *geôrgikos, gê* : terre et *ergon* : travail) : Protection contre le voisinage.

*d'après Donatello*

Il avait choisi la carrière des armes et servit sous Dioclétien ; il déchira l'acte de persécution des chrétiens affiché à la porte du palais.

On le représente en chevalier terrassant le dragon pour sauver une jeune fille, ce qui signifie qu'il défendait sa patrie contre tous les ennemis.

Martyrisé en 303, son culte fut très populaire chez les Grecs ; l'Angleterre le prit pour patron en l'an 800.
Fête le 23 avril.

*d'après Raphaël*

**Invocation à saint GEORGES :**

† Vaillant saint Georges, toi qui n'avais peur ni des dragons ni des bourreaux, protège-nous !
† Toi qui défendis si courageusement ta patrie et ses habitants, aide-moi pour affronter et vaincre ceux qui me veulent du mal !
† Avec ton appui, ma maison et ma famille seront à l'abri des démons et des mauvais voisins !
† Vaillant saint Georges, protège-nous !
† Par la grâce de Notre Seigneur Jésus-Christ.
† Ainsi soit-il.

*GÉRARD* :
Contre les ruptures.

Né à Cologne en 935, il fut évêque de Toul ; il fonda des écoles pour les clercs, fit à pied le pélerinage à Rome, et, quand il revint, la noblesse se souleva contre lui en allant jusqu'à l'assiéger dans son domicile privé. Un aveugle, qui s'était baigné les yeux dans l'eau où le saint venait de se laver les mains retrouva aussitôt la vue.

Gérard est à l'origine de la cathédrale de Toul.

Il mourut en 994 et fut canonisé en 1050.

Fête le 3 octobre.

**Invocation à saint GÉRARD :**

† Bienheureux saint Gérard, toi qui eus à te plaindre de la trahison de la noblesse de ton entourage, aide-moi à restaurer la paix dans mon ménage ;
† Toi qui as guéri un aveugle simplement avec l'eau où tu avais lavé tes mains, ouvre les yeux de mon (ma) compagon (compagne) (*citer le nom*) ;
† Fais-lui comprendre que son départ n'est pas justifié, qu'il (elle) doit revenir, je l'attends ;
† Saint Gérard, tu as fait de multiples miracles et je te conjure de nous aider, puisque cela t'est possible ;
† Pardonne-nous nos péchés d'orgueil, causes de la mésentente actuelle et prie pour notre bonheur !
† Par la grâce de Notre Seigneur Jésus-Christ.
† Ainsi soit-il.

*JACQUES LE MAJEUR* :
Contre la tromperie et le mensonge.

d'après
Le Greco

Frère de Jean *l'Évangéliste,* né à Bethsaïde (Galilée) en 12 avant J.C., pêcheur professionnel sur le lac de Tibériade, il est appelé par Jésus avec son frère et Pierre ; il sera le témoin des principaux miracles.

Le roi Hérode *Agrippa,* le petit-fils d'Hérode *le Grand,* qui voulait plaire aux Juifs, le fait périr par le glaive.

Pour certains, Jacques aurait prêché en Espagne, pour les autres, ses restes y auraient été transportés après sa mort. Il est vénéré à Compostelle.

Fête 25 juillet.

**Invocation à saint JACQUES :**

† Grand saint Jacques, toi qui as pardonné à tes bourreaux, pardonne au pècheur que je suis et aide-moi à convaincre (*citer le nom*) de ne plus me mentir ni me tromper !
† Fais de moi un instrument de la paix !
† Mets de l'amour à la place de la haine !
† Mets l'union à la place de la discorde !
† Là où règne la tristesse, fais jaillir la joie !
† Par la grâce de Notre Seigneur Jésus-Christ.
† Ainsi soit-il.

***JEAN*** **(hébreu *Jochanan* : Jéhova est clément) :**
**Contre les fausses amitiés.**

*d'après Rubens*

Dit *l'Évangéliste,* né en Galilée, fils de Salomé, frère de Jacques *le Majeur,* il s'attache très tôt à Jésus qui le considère comme son *disciple bien-aimé.*

Il sera témoin de l'agonie de Jésus au Golgotha et la Vierge Marie lui est confiée par Jésus pour qu'il la protège.

Saint Pierre et lui sont les premiers prédicateurs reconnus de l'Évangile.

Jeté sur ordre de Déoclétien dans une cuve d'huile bouillante, il en sortira sain et sauf.

Fêté le 27 décembre.

## Invocation à saint JEAN :

† Évangéliste saint Jean, disciple bien aimé de notre Seigneur Jésus-Christ, préserve-moi de faire du tort à mon prochain, de l'offenser et de lui faire la plus petite peine ;

† Obtiens-moi une amitié sincère et juste, aussi belle et puissante que celle qui t'unissait fraternellement à Jésus, prie pour moi !

† Délivre-moi des fausses amitiés, des hypocrites et des menteurs !

† Grand saint Jean, fais que la lumière éclaire le cœur et l'âme de ceux qui nous mentent !

† Par la grâce de Notre Seigneur Jésus-Christ.

† Ainsi soit-il.

**JOSEPH** (hébreu : *jugement de Dieu*) :
Pour le mariage, contre la rupture du couple.

d'après Le Guerchin

Fils de Jacob et descendant de David, il fut choisi par les parents de Marie parce que le seul apte à faire refleurir un rameau d'olivier. Il fut le père nourricier de Jésus en exerçant le métier de charpentier. Un ange du Seigneur lui apparut et ordonna : *Lève-toi, fuis en Égypte et restes-y jusqu'à ce que je te prévienne, Hérode recherche l'enfant pour le faire périr !*

d'après Rembrandt

Ils revinrent seulement quand l'ange l'autorisa : *Lève-toi, prends l'enfant et sa mère et pars pour le pays d'Israël. Ils sont morts, ceux qui en voulaient à la vie de l'enfant.*

Ils habitèrent une ville nommée Nazareth afin que s'exécute ce qu'avaient dit les prophètes : *Il sera appelé Nazaréen.* (St Matthieu, II - 13 à 23).

Joseph apprit à Jésus son métier de charpentier, mais l'enfant avait une autre vue de l'humanité et de sa destinée.

Son culte fut adopté après l'an 800 et n'a cessé de croître depuis ; en 1870, il fut proclamé *Maître de l'Église universelle.*

Patron des menuisiers et des charpentiers.

Il est fêté le 19 mars.

d'après Georges de La Tour

## Invocations à saint JOSEPH :

*Pour le mariage :*

† Que les chœurs des Anges, que les chants de tous les chrétiens te glorifient, ô bienheureux Joseph, car tes vertus t'ont mérité d'être uni par un chaste lien à une Vierge pure !
† Quand un doute cruel vient frapper ton esprit étonné de l'état où se trouve ton épouse, un Ange t'apprend que l'enfant conçu dans ses entrailles l'a été par l'opération du Saint-Esprit.
† Tu reçois dans tes bras le Seigneur ; tu fuis avec lui dans la terre d'Égypte ; tu le cherches à Jérusalem où tu l'avais perdu ; tu le retrouves dans le Temple et tes pleurs se changent en larmes de joie !
† Ô bienheureux Joseph, fais que mon mariage avec (*citer le prénom*) soit aussi beau que le fut le tien !
† Par la grâce de Notre Seigneur Jésus-Christ.
† Ainsi soit-il.

*Contre la rupture :*

† Que les chœurs des Anges, que les chants de tous les chrétiens te glorifient, ô bienheureux Joseph, car tes vertus t'ont mérité d'être uni par un chaste lien à une Vierge pure et, malgré le doute cruel qui vint frapper ton esprit, tu restas fidèle à ta promesse !
† Dis à (*citer le prénom*) que son absence n'est pas justifiée, qu'il (elle) doit revenir, car je l'attends !
† Ô Joseph, pardonne nos péchés d'orgueil, causes de la mésentente actuelle et prie pour nous la Vierge Marie, ton épouse !
† Par la grâce de Notre Seigneur Jésus-Christ.
† Ainsi soit-il.

***JUDE*** (latin *judicare :* juger) :
Causes désespérées.

Surnommé *Thaddée,* "le doux", frère de Jacques le Mineur, cousin de Jésus, c'était l'un des douze apôtres. Il a été martyrisé en Mésopotamie après avoir prêché sur les bords de l'Euphrate et du Tigre. L'*Épître de Jude,* datée de 90, fut contestée avant d'être incluse dans le Nouveau Testament. Fêté le 28 octobre.

**Invocation à saint JUDE :**

† Saint Jude, qui as été élevé à la dignité d'Apôtre, qui as tout quitté pour suivre Jésus, qui as eu l'honneur de le voir s'abaisser jusqu'à te laver les pieds, qui, dans la dernière Cène, as été nourri du corps du Christ, qui as tant souffert durant la Passion, qui as été ravi de joie à la vue de Jésus ressuscité, qui l'as vu montant au ciel, qui as converti à la foi des peuples innombrables, qui as opéré d'éclatants prodiges, saint Jude, prie pour moi !
† Saint Jude, que les fidèles nomment le Patron des causes désespérées et qui montres par ton intercession que tu jouis d'un grand crédit auprès de Dieu,
† Saint Jude, fais, je t'en supplie, que dès ce jour je renonce au péché et que j'obtienne ton secours pour la cause qui m'obsède : (*citer la cause en détail*).
† J'ai une grande confiance !
† Par la grâce de Notre Seigneur Jésus-Christ.
† Ainsi soit-il.

***LUC*** (latin *lux, lucis* : lumière) :
Contre l'impuissance masculine.

Saint Luc, né à Antioche, mort en 70, peut-être martyrisé, médecin, compagnon des voyages et des travaux de saint Paul, aurait écrit son *Évangile* en 53. Il parlait un grec plus pur que les autres évangélistes et on pense que c'est sa langue maternelle.
Prêcha l'Évangile en Dalmatie, en Italie et en Gaule.

*d'après Jacopo Chimenti da Sinpoli*

D'après une tradition, Luc serait peintre et aurait fait un portrait de la Vierge qui fut donné à l'église de Rome. C'est pourquoi les peintres l'ont pris pour patron. Fêté le 18 octobre.

## Invocation à saint LUC :

† Saint Luc, très aimable et plein de charité, j'adore respectueusement avec toi la Majesté divine et, parce que je me complais dans la pensée des dons particuliers de la grâce qu'elle t'a départis pendant ta vie, je te supplie de tout mon cœur de m'obtenir, par ta puissante intercession, la grâce si importante de vivre sainement et normalement.
† Je te supplie de m'obtenir aussi que me soit rendue ma virilité actuellement défaillante.
† Si ce que je demande n'est pas selon la gloire de Dieu et le bien de mon âme, obtiens-moi ce qu'il y a de plus conforme à l'un et à l'autre.
† Par la grâce de Notre Seigneur Jésus-Christ.
† Ainsi soit-il.

*MARGUERITE* (latin *margarita* : perle) :
Pour les femmes enceintes, contre la stérilité.

Née et morte à Antioche vers 255-275, son père, prêtre de Jupiter, l'ayant chassée après sa conversion, elle se mit au service de sa nourrice. Olybrius, le préfet romain, tenta en vain de la séduire ; il la fit arrêter et martyriser. Ramenée en prison, elle vit le démon sous la forme d'un terrible dragon voulant la dévorer, mais elle le mit en fuite avec un signe de croix.

*d'après Raphaël*

Le lendemain, elle fut décapitée.

**Invocations à sainte MARGUERITE :**

*Femmes enceintes :*

† Sainte Marguerite, qui eus à souffrir mille tortures sans te plaindre, donne-moi le courage de supporter les déchirantes douleurs de l'enfantement !
† Toi qui es propice aux femmes enceintes qui se mettent sous ta protection, prie pour moi !
† Et donne-moi un beau bébé dont je serai fière !
† Par la grâce de Notre Seigneur Jésus-Christ.
† Ainsi soit-il.

*Femmes stériles :*

† Sainte Marguerite, qui eus à souffrir mille tortures sans te plaindre, donne-moi la faculté d'être mère !
† Toi qui es propice aux femmes enceintes qui se mettent sous ta protection, protège-moi !
† Par la grâce de Notre Seigneur Jésus-Christ.
† Ainsi soit-il.

***MARIE DU SECOURS*** (***Notre Dame du Perpétuel Secours***) : Contre l'insomnie.

Cette image serait la réplique de la *Madone de Saint Luc* qui fut vénérée en Crète avant de se retrouver à Rome. La Vierge apparut et dit vouloir être honorée dans cette ville. L'image disparut et ne fut miraculeusement retrouvée qu'en 1863.

La pape Pie IX ordonna :

*Prenez soin que Notre Dame du Perpétuel Secours soit connue et vénérée, car cette Madone doit sauver le monde.*

Lors de son installation, on constata des guérisons miraculeuses sur deux enfants. Depuis, le culte de Notre Dame du Perpétuel Secours connaît un grand succès.

**Invocation à MARIE DU SECOURS :**

† Bienheureuse Marie du Secours, aide-moi, fais que je me couche apaisé(e), que je m'endorme en paix !
† Accorde-moi le bon sommeil, celui qui guérit tous les maux, qui apaise le corps et l'âme !
† Éloigne de moi les pensées négatives, inspire-moi ce que je dois dire, ce que je dois faire !
† Montre-moi comment penser bien pour être heureux(se) et détendu(e) ;
† Pour être consolé(e), réconforté(e), régénéré(e), libéré(e) de l'angoisse, des inquiétudes et des soucis !
† Par la grâce de Notre Seigneur Jésus-Christ.
† Ainsi soit-il.

*MAXE* ou *MAXIMIN* (de *maximum*) :
Pour la pluie et contre l'inondation.

Né à Poitiers en 285, mort en 349, il devient évêque de Trèves (Allemagne) en 332, préside un concile à Cologne, reçoit saint Anathase, exilé à cause de son attachement au concile de Nicée. En 342, il avertit l'empereur Constant du danger arien.

Il mourut au cours d'un voyage effectué à Poitiers pour visiter un de ses frères, saint Maixent, l'évêque de cette ville.

**Invocations à saint MAXE :**

*Pour la pluie :*

† Bienheureux saint Maxe, toi qui sus défendre notre Église contre l'arianisme et obtins ainsi de Dieu la puissance sur les éléments, obtiens-nous aujourd'hui que la pluie tombe enfin !
† Préserve-nous du fléau de la sécheresse, rends la fécondité à notre terre menacée de stérilité.
† Par la grâce de Notre Seigneur Jésus-Christ.
† Ainsi soit-il.

*Contre l'inondation :*

† Ô saint Maxe, arrête ces flots tumultueux qui nous menacent, fais-les rentrer dans leur lit !
† Protège vite notre domicile de l'impétuosité de la rivière et rends-nous la sérénité !
† Par la grâce de Notre Seigneur Jésus-Christ.
† Ainsi soit-il.

*MICHEL* (hébreu *Mika'el* : qui est comme Dieu) : Contre la malchance.

*Saint Michel terrassant le dragon, d'après Raphaël*

**Archange** protecteur de l'Église, *Michel et ses anges combattirent contre le dragon et il n'y eut plus de place pour le dragon dans le ciel.* (Apocalypse XII, 7)

C'est pourquoi on le représente tenant la lance d'une main et le dragon sous les pieds. Il apparut deux fois à des chrétiens, la première au pape Grégoire le Grand à l'endroit de Rome appelé château Saint-Ange, la deuxième en 709 à l'évêque d'Avranches pour lui demander d'élever une église au mont Tombeleine, aujourd'hui *Mont Saint-Michel.* Il est un des patrons de la France et fêté le 29 septembre.

## Invocation à l'Archange saint MICHEL :

† Saint Michel Archange, défends-nous dans la bataille ! Sois notre soutien contre la malchance que les ruses du démon sèment sous nos pas !

† Nous te supplions humblement, fais que Dieu commande à ce maudit !

† Prince de l'armée du ciel, enfonce, par la vertu divine, jusqu'au fond des abîmes, Satan et les autres Esprits pervers qui s'en vont, errants, à travers ce monde, pour sa perdition !

† Protège-nous contre les maléfices, donne-nous la chance partout où nous la chercherons !

† Par la grâce de Notre Seigneur Jésus-Christ.

† Ainsi soit-il.

*NICOLAS* :
Contre les accusations injustes.

Évêque de Myre, dans l'Asie-Mineure, au IVe siècle, il vivait dans l'abstinence et couchait sur le sol.

Il ressuscita trois petits enfants mis à mort par un boucher pour être servis en nourriture.

Mort en 324, c'est le patron de la Russie et de tous les jeunes garçons ; on le représente le plus souvent portant des cadeaux comme le bonhomme Noël.

C'était le saint protecteur le plus populaire au Moyen-Âge.

Fêté le 6 décembre.

**Invocation à saint Nicolas :**

† Ô Dieu, par le ministère du bienheureux Nicolas, vous avez fait germer la semence de l'Évangile !
† Exaucez mes prières, faites que nous ressentions les effets de l'intercession de votre Saint auprès de Votre Divine Majesté !
† Saint Nicolas, toi qui es particulièrement invoqué par ceux qui sont injustement accusés et calomniés, prie pour nous et assiste-nous !
† Grand saint, toi qui nous connais si bien, tu sais que ce dont on nous accuse est injustifié !
† Défends-nous, disculpe-nous, fais surgir la vérité et démasquer les menteurs !
† Fais-nous rentrer dans notre honneur !
† Par la grâce de Notre Seigneur Jésus-Christ.
† Ainsi soit-il.

**_PAUL_ :**
Contre la peur.

Saint Paul à Éphèse, d'après Le Sueur

Saint Paul, surnommé *l'apôtre des gentils* (les païens), de famille juive, martyrisé à Rome en 67, s'appelait en réalité Saul. Opposé au christianisme, il vota la mort au procès de saint Étienne et poursuivit les adeptes de cette nouvelle religion de maison en maison jusqu'en Syrie.

Un jour qu'il se rendait à Damas pour accomplir sa mission, Jésus lui apparut, d'un geste le jeta à bas de son cheval et lui dit : - *Saul, Saul, pourquoi me persécutes-tu ?*

Saul se releva, frappé de cécité. Baptisé, la vue lui revint et il se mit à prêcher. Il se rendit à Jérusalem pour voir Pierre et revint à Antioche où il prit le nom de ***Paul.*** Puis il fonda l'église d'Éphèse en 54 et lui adressa son *Épître aux Éphésiens.* Emprisonné en 67, il fut décapité sur la route d'Ostie le jour où saint Pierre était crucifié à Rome. Fêté le 29 juin.

## Invocations à saint PAUL :

† Grand saint Paul, aide (*donner le prénom*) à vaincre la peur qui le (la) ronge sans raison évidente ;
† Fais-lui retrouver la paix et la sérénité afin qu'il (elle) continue à prier Notre Seigneur ;
† Toi qui ne craignis pas de te convertir et le payas de ta vie, donne-lui une partie de ton courage !
† Guéris (*prénom*) de sa peur maladive, rends-lui le calme du corps et de l'âme, je t'en prie !
† Par la grâce de Notre Seigneur Jésus-Christ.
† Ainsi soit-il.

***PIERRE*** (en latin : *Petrus,* en araméen : *Képhah*) **:**
Pour un bon voisinage.

*Saint Pierre, d'après sa statue, basilique de Rome*

Prince des apôtres, premier pape et martyr, né 10 ans avant Jésus à Bethsaïde (Galilée), frère d'André, son nom était Simon ; il était marié et avait sa famille à Capharnaüm, sur le lac de Tibériade où il exerçait le métier de pêcheur. En le voyant, Jésus lui annonça : *Tu es Simon, fils de Jean. Désormais, tu t'appelleras Pierre !*
Le Christ en fit le chef de ses apôtres et de l'Église quand il lui déclara : *Tu es Pierre et sur cette pierre je bâtirai mon Église. Je te donnerai les clefs du royaume des cieux.*
Il fut témoin des principales actions du Christ, de la *Transfiguration* à l'agonie du *Jardin des Oliviers.*
Il le renia tout de même trois fois et en pleura jusqu'à son dernier jour.

*Jésus donnant les clefs du Paradis à St Pierre, d'après Ingres*

Le jour de la *Pentecôte,* après la descente du *Saint-Esprit,* il convertit 5 000 personnes à la fois ; il prêcha à Jérusalem, à Césarée et en Syrie, à Antioche, où il fonda une Église dont il fut le premier évêque. Il visita, toujours en prêchant, l'Asie-Mineure, la Bithynie, la Cappadoce et alla à Rome en l'an 42, alors sous l'empire de Claude.

En 51, il présida le concile de Jérusalem, revint à Rome où il fut arrêté par ordre de Néron et enfermé dans la prison de Mamertine.

*d'après Le Guide*

Il fut crucifié sur la Colline vaticane, là où se dresse maintenant la basilique à son nom, le 29 juin 67, la tête en bas sur sa demande, puisqu'il se jugeait indigne de l'être comme Jésus Christ. Fêté le 29 juin, avec saint Paul.

**Invocation à saint PIERRE :**

† Grand saint Pierre, Prince céleste des Apôtres !
Avec ton pouvoir miraculeux
de tout ouvrir et de tout fermer,
libère-moi de tout mal,
et que le bien, le bonheur et la joie,
soient toujours avec moi !
† Éloigne de moi le malheur, les voleurs,
les agresseurs, les accidents,
la mauvaise chance,
et fais que la fortune vienne !
† Décharge-moi de la peur et des soucis,
de la médisance, des malédictions,
et écarte les ondes négatives de mon domicile !
† Fais que mes proches et moi-même
soyons aimés de tous et que nous vivions
dans la paix, la prospérité,
et en bonne entente avec notre voisinage !
† Par la grâce de Notre Seigneur Jésus-Christ.
† Ainsi soit-il.

*PIERRE DE VÉRONE* :
Contre les ondes négatives.

Né à Vérone, en Italie, en 1190, il prêcha contre les Cathares de Lombardie.

En 1252, il fut nommé inquisiteur à Milan et à Crémone.

Les hérétiques l'ont fait assassiner sur la route de Côme à Milan en 1252.

Il fut canonisé en 1254 par le pape Innocent IV.

**Invocation à saint PIERRE DE VÉRONE :**

† Ô glorieux saint Pierre de Vérone, protecteur de l'Église, défends-nous contre ces ennemis qui nous entourent de leurs ondes négatives !
† Ne permets pas qu'ils nous encouragent à offenser Dieu !
† Protège-nous contre les pièges et les embûches qu'ils sèment sous nos pas !
† Combats-les, mets-les en fuite s'ils cherchent à nous faire du mal et envoient des mauvaises ondes qu'ils veulent faire pénétrer en nous !
† Triomphe de leur malice et assiste-nous dans les combats de la vie et la lutte pour notre salut !
† Par la grâce de Notre Seigneur Jésus-Christ.
† Ainsi soit-il.

***RAPHAËL*** (en hébreu : *Dieu guérit*) :
Pour les causes désespérées.

L'un des sept archanges qui sont devant le trône de Dieu. Il sauva Tobie, un saint juif dépouillé de ses biens par un prince ; à la mort de ce dernier, Tobie reprit ses biens, continua à aider son prochain, mais devint aveugle.

Son fils, nommé aussi Tobie, demanda son aide à Raphaël qui le guida, lui apprit à guérir la cécité de son père et refusa les présents que les deux hommes lui offraient. Le père mourut à 200 ans... Raphaël est fêté le 29 septembre.

*L'archange Raphaël refusant les présents de Tobie, d'après Biliverti*

## Invocation à l'Archange saint RAPHAËL :

† Ô Archange Raphaël qui mets en fuite les démons et qui rends la vue à l'aveugle, demande à Dieu qu'il écarte les périls qui me menacent.

† Saint Raphaël, qui montres par ton intercession que tu jouis d'un grand crédit auprès de Dieu,

† Fais, je t'en supplie, que dès ce jour je renonce au péché et que j'obtienne ton assistance pour la cause désespérée qui m'obsède : (*citer la cause en détail*).

† Aide-moi, je t'en prie ! Sois mon sauveur et mon avocat auprès du Seigneur !

† J'ai une grande confiance en toi !

† Par la grâce de Notre Seigneur Jésus-Christ.

† Ainsi soit-il.

***RITA DE CASCIA*** (de *Margarita* : perle) :
Pour les causes urgentes.

Née à Roccaporena (Italie) en 1381, morte à Cascia en 1457, elle est mariée à un homme ivrogne et brutal dont elle a deux enfants. Le mari est tué dans une rixe et les enfants meurent peu après. Le monastère dans lequel elle veut se retirer la refuse. Un ange lui apparaît et la transporte dans la chapelle du monastère, bien qu'elle soit fermée à clef. Acceptée enfin, elle mène une vie de souffrances qu'elle s'inflige.

Canonisée en 1900, on l'invoque pour les causes urgentes et désespérées.

**Invocation à sainte RITA :**

† Seigneur Jésus, qui avez permis à sainte Rita de distribuer ses charités innombrables, nous nous unissons à elle pour chanter Vos louanges, pour Vous bénir et pour mériter Votre particulière protection !
† Ô bienheureuse sainte Rita, nous nous recommandons à ta protection particulière ; obtiens-nous, par ton intercession, l'assistance de ta grâce !
† Sainte Rita, merveilleuse et bonne patronne des causes désespérées, prie pour nous !
† Porte-nous secours, assiste-nous dans nos problèmes compliqués en les illuminant de la Lumière Divine, et en nous aidant à les résoudre au mieux de nos intérêts.
† Par la grâce de Notre Seigneur Jésus-Christ.
† Ainsi soit-il.

***RÉMI*** (latin *remissio* : qui remet les péchés) :
Pour faire venir la pluie, sans l'inondation.

Fils d'un comte et d'une sainte, il avait 22 ans quand il fut nommé évêque de Reims ; son frère l'était à Soissons et c'est avec l'épisode du vase de cette ville que Clovis a convaincu celui-ci de sa bonne volonté. Rémi prit alors parti pour lui et le baptisa dans la cathédrale de Reims le 25 décembre 496. Aidé par un chef de guerre de cette qualité, Rémi fonda les archevêchés de Laon, Arras et Thérouane. Il est mort à Reims en 533, à 96 ans... Fêté le 15 janvier.

**Invocation à saint RÉMI :**

† Bienheureux saint Rémi, toi qui eus l'honneur de baptiser Clovis, de défendre notre Église contre l'arianisme et obtins ainsi de Dieu la puissance sur les éléments, obtiens-nous aujourd'hui que la pluie tombe enfin !
† Préserve-nous du fléau de la sécheresse, rends la fécondité à notre terre menacée de stérilité.
† Mais empêche les eaux venues du ciel de monter trop haut et de nous envahir !
† Par la grâce de Notre Seigneur Jésus-Christ.
† Ainsi soit-il.

***ROCH*** (de rocher) :
Bénir, protéger ou vendre un domicile.

Né à Montpellier en 1293 d'une famille noble, orphelin à 20 ans, il distribua ses biens aux pauvres, prit l'habit de pèlerin et partit à Rome, se dévouant surtout aux pestiférés car le pays était dévasté par la maladie.

Malade, grièvement blessé à la cuisse et au bord de la mort, il fut découvert par le chien d'un gentilhomme qui le soigna.

Il se retira dans la solitude et l'abstinence ; le chien lui portait tous les jours du pain offert par le gentilhomme et le guérit, en le léchant, de sa blessure à la cuisse. De retour dans sa ville natale alors désolée par la guerre, on le prit pour un espion, on l'arrêta et on l'enferma dans un cachot, séparé de son chien. Il y mourut en 1327, à 34 ans...

En France, en Espagne, en Italie et en Allemagne, on l'invoque pour la protection des maisons, des troupeaux, des champs, contre les maladies contagieuses et incurables, les épidémies et la souffrance des animaux (des chiens surtout).

Ses reliques sont conservées dans l'église de San Rocco de Venise, spécialement construite.

Saint Roch est toujours représenté en costume de pèlerin, montrant sa cuisse blessée, avec son chien à ses côtés.

Fêté le 16 août.

## Invocations à saint ROCH :

*Bénir et protéger un domicile ou un commerce :*

† Grand saint Roch, toi as guéri miraculeusement des lépreux en Italie, écoute-nous !
† Avec ton pouvoir merveilleux de tout soigner et de tout guérir, bénis et protège cet humble domicile (*ou :* ce commerce), et que le bien, le bonheur et la gaieté y soient toujours présents !
† Éloigne le malheur, les voleurs, les pernicieux, les accidents, la mauvaise chance, et fais que la sérénité y règne en permanence !
† Décharge-nous de la peur et des soucis, détourne les ondes négatives de cette demeure !
(*ou :* fais affluer les clients dans ce commerce !)
† Fais que notre famille qui te prie soit aimée de tous et qu'elle vive dans la paix et la prospérité, et en bonne entente avec son voisinage !
† Par la grâce de Notre Seigneur Jésus-Christ.
† Ainsi soit-il.

*Vendre un domicile ou un commerce :*

† Grand saint Roch, toi as guéri miraculeusement des lépreux en Italie, écoute-nous !
† Avec ton pouvoir prodigieux, tu as su la protéger, maintenant, aide-nous à vendre ce domicile !
(*ou :* ce commerce !)
† Éloigne les usuriers et les profiteurs, fais venir un acquéreur bien disposé et honnête !
† Aide-nous à réaliser cette vente dans les meilleures conditions !
† Par la grâce de Notre Seigneur Jésus-Christ.
† Ainsi soit-il.

*SÉBASTIEN* (grec *sébastos* : auguste) :
Contre la brutalité, la haine et la barbarie.

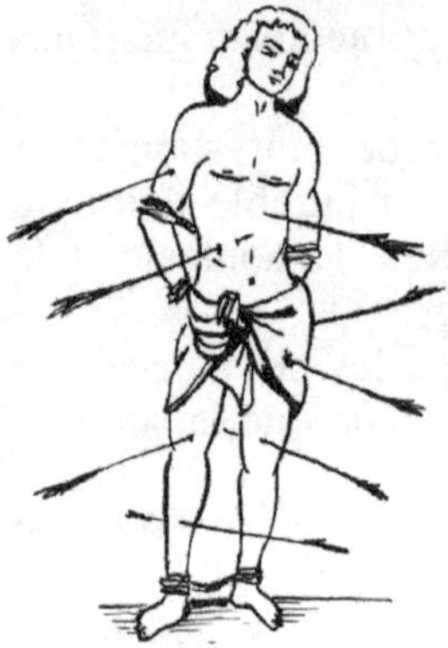

*d'après Mantegna*

Né à Narbonne en 256, il entra dans l'armée romaine et fut nommé par Dioclétien chef de cohorte. Il avait été baptisé très jeune et marquait sa solidarité à ses coreligionnaires. Le pape Caïus le nomma *défenseur de l'Église.*

Dénoncé, il fut condamné à être percé de flèches et laissé pour mort. Une pieuse veuve pansa ses blessures et il fut vite remis sur pied.

Alors, se plaçant sur le passage de l'empereur, il lui reprocha sa cruauté. Arrêté, il fut battu à mort.

Les chrétiens l'ensevelirent. Fêté le 20 janvier.

**Invocation à saint SÉBASTIEN :**

† Saint Sébastien, qui, malgré ta situation de soldat de l'armée romaine, restas fidèle à ta foi,

† Toi qui fus victime de la tyrannie d'un potentat et éprouvé par les flèches, toi dont le corps inerte fut ramené à la vie,

† Toi qui eus le courage de reprocher, malgré toutes tes souffrances, sa sauvagerie à ton bourreau,

† Aide-moi, je t'en conjure, à faire comprendre à (*citer le nom*) que son comportement est indigne !

† Protège-moi contre la brutalité de tous ces gens qui ne songent qu'à la violence !

† Par la grâce de Notre Seigneur Jésus-Christ.

† Ainsi soit-il.

*VINCENT* :
Contre les vols et les voleurs.

Né à Saragosse (Espagne), mort à Valence en 304, ordonné diacre par l'évêque Valère, il étudia avec ferveur les Saintes Écritures.

Dioclétien, l'empereur romain du moment, lança une campagne de persécution des chrétiens et Vincent fut incarcéré. On lui fit subir de longs supplices raffinés ; il les supporta grâce à l'aide des anges, ce qui provoqua la conversion de son geôlier.

Il mourut ainsi, martyrisé par les soudards, dans d'atroces souffrances.

Fêté le 22 janvier.

**Invocation à saint VINCENT :**

† Bienheureux Vincent, diacre et martyr, tu es dans la joie, tu te vois comblé de gloire et tes louanges retentissent dans l'assemblée des saints !
† Nous te prions d'intercéder pour nous en obtenant les grâces que nous sollicitons.
† Valeureux Vincent, éloigne de nous le malheur des vols et des cambriolages !
† Fais fuir les voleurs, les agresseurs, les accidents, la mauvaise chance !
† Par la grâce de Notre Seigneur Jésus-Christ.
† Ainsi soit-il.

*VIT* - ou *VITE* - ou *GUY* (latin *vitus*) :
Contre la dépression, l'abattement.

Né en Sicile au IIIe siècle, de parents païens, il fut élevé par sainte Crescence et saint Modeste dans la foi chrétienne.

Il fut livré au gouverneur de la province, Valérien, par son propre père, mais réussit à se sauver de Sicile et à gagner la Lucanie avec Crescence et Modeste, où ils furent pris.

Ils furent martyrisés tous les trois ensemble durant les persécutions de Dioclétien.

La Tradition raconte qu'étant livré aux lions, Vit leur parla et ils se couchèrent à ses pieds.

Il fallut lui trancher la tête. Il avait 14 ans.

Fête le 12 juin.

**Invocation à saint VIT :**

† Je vous prie, Seigneur, par l'intercession de saint Vit, de m'accorder la guérison de la dépression et de l'abattement qui me hantent !

† Saint Vit, très jeune martyr, toi qui sus dompter les lions furieux, aide-moi !

† Saint Vit, qui brilles dans le Paradis, donne-moi la force de réagir contre mon apathie !

† Fais que la confiance me revienne, que l'angoisse ne me prenne plus !

† Je t'en conjure, viens à mon secours !

† Par la grâce de Notre Seigneur Jésus-Christ.

† Ainsi soit-il.

***WILGEFORTE*** (*Vierge forte,* ou *Face sacrée* ?) :
Contre l'abus de l'autorité maritale.

La Tradition la surnomme "la vierge barbue". En effet, d'après les deux versions de son histoire, que ce soit pour échapper à un mariage forcé ou faire fuir des soldats qui s'apprêtaient à la violer, elle pria le Seigneur de l'enlaidir. Celui-ci l'exauça et l'affubla d'une énorme barbe.

Convaincue de sorcellerie, dans le premier cas son père la fait crucifier, dans le second elle l'est par le gouverneur de la région.

C'est le seul exemple connu d'une femme ayant subi ce supplice.

**Invocation à sainte WILGEFORTE :**

† Sainte Vierge, Mère de mon Dieu, ma Mère et ma Patronne, je me mets sous votre protection et me jette avec confiance dans le sein de votre miséricorde !
† Sainte Wilgeforte, qui sus échapper à la volonté de quelques hommes, donne-moi la clémence et la patience d'attendre en faisant en sorte pour que mon époux soit plus doux à mon égard !
† Fais-lui comprendre que son autorité est acquise, mais sans avoir à y ajouter la brutalité !
† Je te remercie et te demande de prier pour moi.
† Par la grâce de Notre Seigneur Jésus-Christ.
† Ainsi soit-il.

## Litanie aux saints :

†††

Seigneur Jésus-Christ, qui effacez les péchés du monde, ayez pitié de nous !

Sainte Marie, Mère de Dieu, Porte du Ciel, ayez pitié de nous !

Sainte Agathe, honneur de Dieu, gloire du Seigneur, prie pour nous !

Saint André, semence de l'Évangile, prie pour nous !

Sainte Anne, heureuse mère de la Vierge, assiste-nous !

Saint Antoine de Padoue, qui vois Dieu face à face, intercède pour nous !

Saint Augustin, bel exemple de sainteté, prie pour nous !

Sainte Barbe, alliée de la foudre, protège-nous !

Saint Benoît, serviteur zélé de Jésus, prie pour nous !

Sainte Catherine, puissante avocate auprès du Seigneur, aide-nous !

Saint Christophe, qui portas le Christ sur ton épaule, aide-nous !

Saint Cybard, qui vécus en ermite, prie pour nous !

Sainte Élisabeth, sauvegarde des malheureux, protège-nous !

Saint Elme, qui vécus mille tourments, protège-nous !

Saint Étienne, qui vis Jésus à la droite de Dieu, prie pour nous !

†

Saint Expédit, qui as préféré tout perdre
pour gagner Jésus, aide-nous !
Saint François d'Assise, qui appelais les
animaux *"mes frères"*, protège-nous !
Saint Frézal de Mende, qui eus la tête tranchée
et la ramassas, prie pour nous !
Sainte Geneviève, qui empêchas les Huns
d'envahir Paris, protège-nous !
Saint Georges, qui n'avais peur ni des dragons
ni des bourreaux, protège-nous !
Saint Gérard, qui guéris un aveugle
avec de l'eau, assiste-nous !
Saint Jacques le Majeur, témoin
des miracles du Christ, prie pour nous !
Saint Jean l'Évangéliste, témoin de la Passion et
protecteur de la Vierge Marie, prie pour nous !
Saint Jean-Baptiste, qui eus le privilège de
baptiser Notre Seigneur, protège-nous !
Saint Joseph, dont les vertus ont mérité d'être
uni à la Vierge Marie, prie pour nous !
Saint Jude, qui as tout quitté pour suivre Jésus,
prie pour nous !
Saint Luc, très aimable et plein de charité,
prie pour nous !
Saint Marc, fondateur de l'Église
d'Alexandrie, assiste-nous !
Sainte Marguerite, qui mis en fuite le dragon
par un signe de croix, protège-nous !
Bienheureuse Marie du Secours, qui dois sauver
le monde, prie pour nous !
Saint Maxe, dompteur des éléments
naturels, protège-nous !

†

Saint Michel Archange, vaillant Prince
de l'Armée du Ciel, aide-nous !
Saint Nicolas, avocat de ceux qui sont
injustement accusés, assiste-nous !
Saint Paul, soldat romain converti qui le
payas de ta vie, soutiens-nous !
Saint Pierre, Prince céleste des Apôtres,
détenteur des Clefs du Ciel, prie pour nous !
Saint Raphaël, qui mis en fuite
les démons, assiste-nous !
Sainte Rita de Cascia, merveilleuse patronne
des causes désespérées, protège-nous !
Saint Roch, protecteur de la maison,
ami des chiens, soutiens-nous !
Saint Sébastien, qui jamais ne renias ta foi
malgré les flèches ennemies, prie pour nous !
Saint Vincent, éblouissant martyr,
prie pour nous !
Saint Vit, adolescent au courage sans faille,
prie pour nous !
Sainte Wilgeforte, seule femme crucifiée
pour sa foi, patronne-nous !

†

Par la grâce de Notre Seigneur Jésus-Christ.
Ainsi soit-il.

†

## Prière de Saint François d'Assise

†

*Seigneur, fais de moi un instrument de ta paix !*
*Là où est la haine, que je mette l'amour.*
*Là où est l'offense, que je mette le pardon.*
*Là où est la discorde, que je mette l'union.*
*Là où est l'erreur, que je mette la vérité.*
*Là où est le doute, que je mette la foi.*
*Là où est le désespoir, que je mette l'espérance.*
*Là où sont les ténèbres, que je mette la lumière.*
*Là où est la tristesse, que je mette la joie.*
*Ô Seigneur, que je ne cherche pas tant*
*à être consolé qu'à consoler,*
*à être compris qu'à comprendre,*
*à être aimé qu'à aimer,*
*car c'est en donnant que l'on reçoit,*
*c'est en s'oubliant que l'on se trouve,*
*c'est en pardonnant que l'on obtient le pardon,*
*c'est en mourant qu'on ressuscite à l'Éternelle vie.*

†

## Acte de foi

† *Mon Dieu, je crois fermement tout ce que vous avez révélé à Votre Église, parce que vous l'avez dit et que vous ne pouvez ni vous tromper, ni nous tromper.* † (Abbé Julio)

†

## Acte d'espérance

† *Mon Dieu, j'espère avec une ferme confiance que vous me donnerez, par les mérites de Jésus-Christ, votre grâce en ce monde ; et, si j'observe vos commandements, votre gloire en l'autre ; parce que vous l'avez promis et que vous êtes fidèle en vos promesses.* † (Abbé Julio)

## Prière à MARIE

(Pour être guéri de toutes sortes de maladies du corps et de l'esprit et pour la préservation de tout mal.)
Tirée d'un manuscrit du XIIIe siècle par l'Abbé Julio.

†

*Ô Mère de Dieu, j'ai recours à vous : je vous supplie de ne pas me rebuter.*
*Tous les chrétiens ne vous nomment-ils pas la Mère de la miséricorde ?*
*Vous êtes si aimée de Dieu, qu'il accède toujours à vos demandes !*
*Votre bonté n'a jamais fait défaut à personne.*
*Vous avez toujours reçu avec une incomparable affabilité tout pècheur, aussi énormes que soient ses crimes, lorsqu'il s'est recommandé à vous.*
*Ah ! ce n'est pas en vain que l'Église vous appelle son avocate et le refuge des misérables !*
*Vous êtes la distributrice de la miséricorde et mes fautes ne pourront vous empêcher de remplir la consolante fonction dont vous êtes chargée et qui vous constitue l'avocate et la médiatrice de paix, l'unique espérance et le refuge des malheureux.*
*Puisque vous avez enfanté le bonheur de l'univers, la source de la miséricorde, il ne sera pas dit que vous avez refusé votre assistance à un malheureux qui vous a appelé à son secours.*
*Votre office étant de rétablir la paix entre Dieu et les hommes, votre compassion doit vous engager à me secourir.*
*Oh! qu'elle est bien au dessus de toutes mes fautes !*
*Ainsi soit-il !*

†

— Réciter trois *Je vous salue, Marie...*

Au cas, improbable mais envisageable, où votre mémoire aurait pris quelques vacances, voici les textes des prières de base...

## Je vous salue, Marie

†

*Je vous salue, Marie, pleine de grâces ;*
*le Seigneur est avec vous ;*
*vous êtes bénie entre toutes les femmes,*
*et Jésus, le fruit de vos entrailles, est béni.*
*Sainte Marie, Mère de Dieu,*
*priez pour nous, pauvres pécheurs,*
*maintenant et à l'heure de notre mort.*
*Ainsi soit-il.*

†

## Je crois en Dieu

†

*Je crois en Dieu, le Père tout-puissant, Créateur du ciel et de la terre, et en Jésus-Christ, son Fils unique, notre Seigneur, qui a été conçu du Saint-Esprit, est né de la Vierge Marie, a souffert sous Ponce Pilate, a été crucifié, est mort et a été enseveli, est descendu aux enfers, le troisième jour est ressuscité d'entre les morts, est monté aux cieux, est assis à la droite de Dieu le Père tout-Puissant, d'où il viendra juger les vivants et les morts. Je crois au Saint-Esprit, la sainte Église catholique, la communion des Saints, la rémission des péchés, la résurrection de la chair, la vie éternelle.*

*Ainsi soit-il.*

†

## Notre Père

†

*Notre Père qui es aux cieux, que ton nom soit sanctifié, que ton règne vienne, que ta volonté soit faite sur la terre comme au ciel.*
*Donne-nous aujourd'hui notre pain de ce jour.*
*Pardonne-nous nos offenses comme nous pardonnons aussi à ceux qui nous ont offensés, et ne nous soumets pas à la tentation, mais délivre-nous du mal.*
*Ainsi soit-il.*

†

## Prière du soir

*Bénissez, ô mon Dieu, le repos que je vais prendre pour réparer mes forces afin de mieux vous servir. Vierge sainte, Mère de mon Dieu, et après lui mon unique espérance, mon bon ange, mon saint patron, intercédez pour moi, protégez-moi pendant cette nuit, tout le temps de ma vie et à l'heure de ma mort.*
*Ainsi soit-il.*

†

## Les bougies et leur pouvoir

Le mot *bougie,* comme l'objet qu'il représente, sont très anciens ; en 1312, une ordonnance de Philippe le Bel mentionne son usage et précise sa qualité, très réglementée. Au Moyen-Âge, on en brûlait énormément en grande dévotion lors des épidémies et autres malheurs. Dans certains lieux, on enroulait les animaux malades dans les *bougies* que l'on portait aussitôt après devant les châsses des saints pour les faire brûler.

Le mot *bougie* tire son nom de la ville algérienne de Bougie d'où était importée la cire destinée à sa fabrication ; il est aussi possible que les Arabes l'aient vendue aux Vénitiens et que ceux-ci l'aient introduite en France, puis dans toute l'Europe où elle n'était à la portée que des gens fortunés et de l'Église ; le peuple se contentait des chandelles de suif brûlées au prix d'une fumée nauséabonde.

Le Français Chevreul découvre, vers 1850, l'*acide stéarique,* un extrait de graisses animales remplaçant avantageusement la *cire*.

La *bougie* moderne était née et la lumière fut pour tous.

*Michel-Eugène Chevreul*
*1786-1889 = 103 ans !*

Mais il en était resté cette coutume de guérir les pires maux grâce à elle et on trouve tout naturel de persévérer dans cette voie. Toutefois, le rituel des *bougies,* tel qu'il est prescrit par les spécialistes, est assez compliqué et seuls les vrais adeptes ont la possibilité d'en tirer profit pour des problèmes ardus ou des protections considérables aussi bien en politique que dans la haute finance...

Considérant que nos problèmes sont plus aisés à résoudre (protection de la maison, des amours ou des enfants, etc...), je crois qu'il est préférable de faire simple, à condition de bien le faire. Celui qui sera invoqué préfèrera une opération familière et sincère à un long rituel compliqué et aussi hypocrite qu'emprunté.

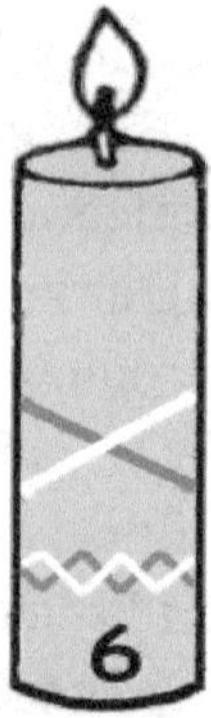


Voici ma méthode, simple et efficace : acheter 35 *bougies* de couleurs variées. Si on ne trouve pas 35 couleurs (c'est probable), on en créera d'autres en leur ajoutant des "galons" ou des numéros dessinés sur le fût, comme ci-contre.

On attribuera à chacune sa fonction.

35 *bougies* pour les 35 possibilités d'invocation telles que décrites précédemment et auxquelles il faut ajouter une blanche unie représentant le demandeur. Le plus simple serait de les numéroter dans l'ordre des sujets d'invocation.

**Pour le domicile :**

1 Bénédiction du domicile
2 Bénédiction d'un commerce
3 Feu, foudre
4 Inondation
5 Ondes négatives
6 Protéger le domicile
7 Tempêtes, tornades
8 Tremblements de terre, volcans
9 Trouver un domicile
10 Vendre une maison
11 Voisinage

**Cas particuliers, personnes fragilisées :**

12 Abus d'autorité maritale
13 Accusations injustes
14 Amitiés fausses
15 Animaux
16 Brutalité, haine, barbarie
17 Causes désespérées
18 Causes urgentes
19 Dépression
20 Expulsion, saisie d'huissier
21 Femmes enceintes
22 Femmes seules, filles à marier
23 Impuissance masculine
24 Insomnies

25 Malchance
26 Maléfices, démons
27 Mariage
28 Mémoire
29 Objet perdu
30 Peur
31 Pluie
32 Ruptures
33 Stérilité
34 Tromperie, mensonge
35 Vols et Voleurs

Chaque bougie correspondant à un problème, il faudra s'y tenir définitivement.

Nous verrons plus loin comment concilier des rituels différents et complémentaires.

C'est l'avantage du *syncrétisme*...

**Nota** : la même opération peut naturellement se composer avec des *photophores* (veilleuses)...

## L'eau bénite

Le verbe *bénir* (latin *bene* : bien, et *dicere* : dire) a la particularité d'avoir deux participes passés : *bénit(e)* et *béni(e)*.

*Bénit(e)* s'emploie uniquement pour les choses consacrées par un prêtre pendant une cérémonie religieuse : du *pain bénit,* de l'*eau bénite*.

*Béni(e)* s'emploie pour tous les autres cas : un peuple *béni,* une nation *bénie* de Dieu.

Ceci étant précisé, analysons la protection la plus élémentaire contre les attaques malfaisantes et les *ondes négatives* : l'*eau bénite*.

Avant de songer à s'équiper des multiples armes dont nous venons de parler, il semble logique et évident de commencer par le commencement, par ce produit de base sans lequel aucune vie ne peut se maintenir ; sans *eau* nous n'existons pas, sans *eau bénite* nous sommes nus.

L'abbé Julio, un prêtre du siècle dernier, réputé pour les soins et les miracles qu'il réalisait, avait une opinion forte :

- *Tout chrétien doit en avoir constamment chez-lui, pour son usage personnel, pour toutes les bénédictions, pour toutes les circonstances graves...*

En principe, l'eau doit être *bénite* le dimanche matin, avant la messe, mais cela n'étant pas facile pour tout le monde, on peut procéder autrement.

Un prêtre peut la *bénir* n'importe quand si on le lui demande ; il peut aussi donner de l'eau prise dans le bénitier de l'église ou *bénir* celle qu'on lui apporte spécialement.

L'Église, estimant que si toutes les bénédictions étaient valides, le monde entier serait plongé dans un bénitier, n'accorde le pouvoir de *bénir* qu'au pape, aux évêques, aux prêtres et à des clercs triés sur le volet. À chacun son métier.

Toutefois, à y regarder de plus près, on constate que le rituel de la fin de messe fait dire au prêtre :

- *Que Dieu tout puissant vous bénisse.*

Une phrase simplissime et pourtant révélatrice : il demande à Dieu de *bénir* les fidèles à sa place, sans s'engager lui-même, et malgré qu'il en ait le pouvoir... Une brèche dans le dispositif.

La position de l'Église se comprend dès qu'on songe à la concurrence des sectes de tout poil qui pourraient s'emparer d'un rituel qu'elle cherche à préserver pour son usage exclusif.

Mais, est-ce un argument suffisant pour ôter à quiconque le pouvoir de *bénir* son eau ?

Ceux qui n'ont pas de prêtre à portée de la main doivent-ils se priver de ce secours ?

Dans ces cas-là, l'abbé Julio préconisait :

- *Le chrétien a le droit et le devoir, en cas de nécessité ou à défaut de tout prêtre, de faire toutes les bénédictions pour le salut de son âme, la santé de son corps et le bien de ses frères.*

Donc, nous pouvons préparer notre *eau bénite,* l'abbé Julio nous en ayant légué la formule.

Pour qu'une *eau bénite* soit parfaite, il est bon d'y ajouter du *sel bénit.*

Apprenons à *bénir* le sel et l'eau.

Le sigle † placé dans le texte signifie qu'il faut faire un *signe de croix* à ce moment précis.

***Bénédiction du sel*** (une poignée de sel ordinaire) :

*Je t'exorcise, créature du sel, † par le Dieu vivant, † par le Dieu véritable, † par le Dieu saint, par le Dieu qui a voulu que tu sois jeté dans l'eau par le prophète Élisée, pour guérir la stérilité de l'eau afin que tu deviennes sel exorcisé pour le salut des croyants et que tu procures, dans ceux qui te prendront, la santé de l'âme et du corps ; et que de tout lieu où tu seras répandu s'enfuie et disparaisse toute illusion et méchanceté, ou malice de ruse diabolique, ainsi que tout esprit immonde, conjuré au nom de Celui qui doit venir juger les vivants et les morts, et faire passer le monde par le feu. † Ainsi soit-il !*

*Prions. – Dieu Tout-Puissant et Éternel, nous implorons humblement votre clémence sans borne pour que vous daigniez, en votre miséricode, † bénir et † sanctifier cette créature du sel que vous avez créée à l'usage des hommes ; que tous ceux qui en useront obtiennent le salut de l'âme et la santé du corps, et tout ce qui en sera touché ou imprégné soit purifié de toute impureté et de tout envahissement de l'esprit malin. Par Notre-Seigneur Jésus-Christ. † Ainsi soit-il.*

L'eau à *bénir* sera de préférence dans un vase à l'embouchure assez ouverte.

***Bénédiction de l'eau :***

*Je t'exorcise, créature de l'eau, † au nom de Dieu le Père Tout-Puissant, † au nom de Jésus-Christ son Fils Notre-Seigneur, † et dans la vertu du Saint-Esprit pour que tu deviennes eau exorcisée qui dissipe toute puissance de l'Ennemi, que tu puisses arracher et déplanter l'Ennemi lui-même avec ses anges apostats : par la puissance de ce même Notre-Seigneur Jésus-Christ qui doit venir juger les vivants et les morts et passer le monde par le feu. † Ainsi soit-il !*

*Prions. — Mon Dieu, qui avez établi avec la substance des eaux vos plus grands sacrements, soyez propice à nos prières et sur cet élément qui doit servir à tant de purifications, répandez la vertu de votre † bénédiction ; afin que votre créature, employée dans vos mystères, serve par un effet de la divine grâce, à faire fuir les démons, à chasser les maladies, et que partout où cette eau sera répandue, habitations des fidèles ou tout endroit quelconque soient nets de toute souillure, délivrés de ce qui pourrait nuire : que jamais n'y réside aucun souffle pestilentiel, aucun air corrompu : que soient dissipées toutes embûches de l'Ennemi caché ; et s'il est quelqu'un ou quelque chose qui puisse nuire à la santé ou au repos de ceux qui les habitent, que par l'aspersion de cette eau tout se dissipe et disparaisse : que toute santé demandée en invoquant votre saint Nom soit à l'abri de toutes les attaques. Par Notre-Seigneur Jésus-Christ. † Ainsi soit-il !*

**Par trois fois, en forme de croix, versez le sel dans l'eau en disant :**

*Que ce mélange de sel et d'eau se fasse ensemble au nom † du Père, † du Fils, † du Saint-Esprit. Ainsi soit-il.*

R/. *Seigneur, exaucez ma prière.*

R/. *Et que mon cri monte jusqu'à vous.*

*Prions. — Dieu, auteur de toute force invincible, Roi d'un Empire inébranlable, et triomphateur toujours magnifique : vous qui abattez les forces de la puissance adverse, qui domptez la fureur de l'Ennemi rugissant, qui victorieusement déjouez ses hostiles noirceurs : nous vous supplions, Seigneur, en tremblant et humblement, et nous vous demandons de regarder favorablement cette créature du sel et de l'eau, distinguez-la dans votre bonté, sanctifiez-la par la rosée de votre miséricorde ; afin que partout où elle sera répandue, sous l'invocation de votre saint Nom, soit éloignée toute infestation de l'Esprit immonde, soit repoussée au loin la terreur du venimeux Serpent, et que la présence du Saint-Esprit daigne se faire sentir partout et sur nous tous, qui implorons votre miséricorde. Par Notre-Seigneur Jésus-Christ, qui vit et règne avec vous, mon Dieu, dans l'unité de ce même Esprit-Saint à travers tous les siècles des siècles. Ainsi soit-il !*

*Sanctifiez, Seigneur, cette eau : donnez-lui pouvoir de nous soulager et de chasser toute maladie, de mettre en fuite les démons et de nous préserver de ses embûches. † Au nom du Père, et du Fils, et du Saint-Esprit. Ainsi soit-il !*

Maintenant, qu'elle vienne de l'église du village ou de votre cru, vous avez votre *eau bénite*.

L'abbé Julio se référait souvent à l'archevêque de Reims Hincmar qui disait, en 852 :

- *Les fidèles doivent emporter chez-eux de l'eau bénite pour asperger leurs malades, leurs maisons, leurs terres, leurs bestiaux, et jusqu'à la nourriture des hommes et des bêtes. Et chaque jour et souvent...*

Hincmar (806-882) fut le conseiller de Charles II le Chauve, qu'il soutint contre le pape Adrien II et couronna empereur.

Il fonda l'hôpital Saint-Bernard et le collège des Bons-Enfants.

### *L'utilisation de l'eau bénite :*

La priorité doit être donnée au *bénitier*. On n'en trouve pas tous les jours d'aussi anciens que celui de notre illustration dont l'aspect croquignolet est probablement dû à une cuisson incontrôlée.

Un lointain souvenir de famille aussi indéfini que son origine...

La petite vasque du bas reçoit l'*eau bénite* et il suffit d'y plonger un ou deux doigts pour en être imprégné.

Les magasins d'accessoires religieux en vendent, en terre cuite, en céramique, en verre, en métal ou dans diverses matières (éviter le plastique).

Nous abordons à la page suivante l'important sujet de l'*autel* devant servir aux *invocations*.

Ce *bénitier* devra être situé à proximité dudit *autel* pour servir chaque fois que vous débuterez une séance de rituels de protection.

Lorsque l'eau est *bénite,* en conserver dans un récipient en terre vernie pour des usages ultérieurs comme la *bénédiction* d'une personne, animal, lieu ou objet qu'on *aspergera* avec un petit rameau d'*hysope* trempé dans l'*eau bénite*.

Ça, c'est la tradition ; cependant, l'*hysope* ne se trouvant pas à tous les coins de rue, il est évident que les autres moyens (un rameau d'arbrisseau à feuilles permanentes) y conviendra.

Renouveler l'*eau bénite* une fois par semaine et la stocker dans des récipients en terre ou en verre.

Vous disposerez dorénavant d'une arme dont le bienfait, conjointement aux autres, se fera dans un parfait *syncrétisme*.

L'*eau de Lourdes* et celle du *Jourdain* ont des propriétés équivalentes.

## L’autel à prières

Votre saint patron ou sainte patronne adopté(e) en fonction de l’intention, sa statuette, médaille ou image choisie, vous allez apprendre à *prier* de façon à être bien entendu(e) de Celui auquel vous vous adressez par l’entremise du (de la) saint(e).

Il y a diverses façons de *prier*, la plus simple étant de le faire debout, dans un coin, furtivement, et en vitesse... Et si elle ne donne aucun résultat, il ne faudra s’en prendre qu’à soi-même.

Je préconise de le faire *sérieusement*.

L’installation sera adaptée au cérémonial :

Une petite table, voire l’étagère d’une armoire qui deviendra invisible quand le meuble sera fermé, sur laquelle on pose une serviette ou un napperon *blanc*, en coton ou en lin.

Une *bougie* (ou un *photophore*) *de la couleur ou du numéro correspondant à votre vœu* installé sur un côté du napperon.

Puis la statuette, la médaille ou l’image du saint posée au milieu, face à vous.

Enfin, avec le bénitier fixé à portée de la main, votre *autel à prières* est prêt à vous entendre.

Chaque chose ayant son utilité, la serviette et le napperon symboliseront la sincérité et la pureté de vos intentions ; la bougie et le photophore, par leur éclat, retiendront votre esprit sur le sujet qui vous obsède ; la statuette, la médaille ou l'image du saint capteront votre invocation.

Que vous soyez à genoux ou debout n'est pas le critère fondamental, chacun prenant la position qui lui convient, celle dans laquelle l'émotion est à son paroxysme et l'attention la plus soutenue, le principal étant la sincérité des prières.

Dans tous les cas on se tient droit, faisant face à *l'autel*, la tête légèrement penchée en avant sans quitter le saint ou la sainte des yeux, les mains jointes ou les doigts entrelacés, signe d'humilité.

Le texte de l'invocation peut être lu ou récité ; il peut même être improvisé si on sait correctement le formuler ; éviter de crier, un murmure suffit.

Le rappel du nom du saint ou de la sainte, qu'on tutoie, et un signe de croix au début et à la fin de l'invocation s'imposent ; répéter la prière 3 fois.

Écrites pour soi, les invocations s'adaptent : si vous intercédez pour un être cher, citez son nom très clairement et accordez le texte.

Sa photo posée sur *l'autel,* à côté de l'image du saint ou de la sainte, les fera confluer l'un vers l'autre pour plus d'efficacité.

## La neuvaine

Avant d'aller plus loin, il me semble nécessaire de rappeler ce qu'est une *prière : demande faite à titre de grâce et avec une sorte de soumission.*

Le cinéaste suédois Ingmar Bergman avouait :

- *C'est quand je prie que je crois être croyant.*

Serions-nous tous comme lui ?

La *prière* proprement dite est une demande que nous faisons à Dieu de choses convenables et qui peuvent servir à sa gloire et à notre salut.

Les *mécréants* prétendent que la *prière* est une injure faite à Dieu, qui sait tout et n'a pas besoin de nous pour savoir ce qu'il nous faut ; d'après eux, quand on lui demande d'être libérés des maux de ce monde, nous voudrions qu'il change le cours de la nature ! Peut-il exaucer les hommes de deux nations qui lui font des *prières* contraires ? Et en lui demandant de nous guérir de nos vices, nous exigerions qu'il fasse notre propre ouvrage !

Ces esprits chagrins en oublient la raison de la *prière* : si Dieu nous demande de lui exposer nos besoins, ce n'est pas pour les lui faire connaître, mais bien pour lui confirmer la reconnaissance de sa souveraineté.

Pour un cœur adorant Dieu, la *prière* reste un exercice doux et consolant, elle le distrait de ses maux, ranime son courage et son espérance, tranquillise son esprit et calme ses passions.

Jésus en a donné l'exemple : les 40 jours qu'il a passés dans le désert furent employés à la *prière* ; après avoir consacré les journées à instruire et à secourir les affligés par des miracles, ses nuits se passaient encore en *prières*. Les Apôtres en firent autant pendant les 40 jours entre l'Ascension et la Pentecôte. Au temps de Jésus, on priait avant et après le repas ; le père de famille bénissait les mets et en rendait ensuite grâce au Seigneur.

Invoquer Dieu par l'intermédiaire de Jésus, de la Vierge Marie ou d'un saint est l'expression d'une forme de respect supplémentaire car ils seront les avocats de notre cause auprès de Lui.

Après ces quelques explications, on comprendra qu'on ne fait pas une *prière* seulement en cas de besoin immédiat ; une continuité et un cérémonial s'imposent : la *neuvaine*.

Comme son nom l'indique, une *neuvaine* se fait sur *neuf jours* consécutifs. Le choix de l'heure est au gré de la personne, à condition que ce soit la même tous les jours. Elle peut se faire dans une église ou chez-soi, voire à l'extérieur si une raison majeure l'exigeait.

Sa durée dépendra du nombre de prières ; très courte si on ne fait que réciter l'une de celles qui sont suggérées dans ce livre, plus longue si on y ajoute la récitation d'un *chapelet* entier. Mais elle devra être chaque fois identique.

Autrefois, on plaçait sur la tête de la Vierge une couronne de *roses*, ou petit chapeau (*chapel*), se terminant par une croix. Ainsi naquit le *chapelet.*

Il est fait d'une croix suivie d'un gros grain, de 3 petits, et d'un autre gros ; viennent ensuite 5 dizaines de petits grains séparées par un grain plus gros. On commence par la croix sur laquelle on récite le *Je crois en Dieu* ; puis, sur chaque gros grain, un *Notre Père* ; et sur chaque petit grain, un *Je vous salue Marie,* pour revenir jusqu'à la croix ; ce qui revient à en réciter 2 du 1^er^, 8 du 2^e^ et 56 du 3^e^...

Le *rosaire* (à cause des *roses* de la couronne) se dit d'un grand *chapelet* composé de 15 dizaines de petits grains au lieu de 5. Les apparitions de la Vierge à Lourdes favorisèrent les invocations qui lui étaient destinées sous forme de *rosaires*.

En 1886, le pape Léon XIII décida que le mois d'octobre serait le *mois du Rosaire,* encourageant ainsi une grande dévotion à la Vierge Marie.

Peut-on imaginer que Dieu se satisfasse d'une crise de foi passagère atteignant sporadiquement le "croyant" quand il a besoin d'un coup de main et qui retourne aussitôt à ses pensées profanes ?

Je ne suis pas sûr qu'en récitant, même avec la piété voulue, une *prière* épisodique demandant la protection divine sur sa maison, on obtienne cette faveur ; ce serait un flagrant délit d'opportunisme peu apprécié par Celui auquel on fait appel.

C'est pourquoi il semble nécessaire d'entourer la demande particulière d'un petit cérémonial de profession de foi et d'assurance de piété sincère.

Toutefois, il faut reconnaître que la récitation d'un *chapelet* entier exige du temps et rebutera le néophyte le mieux intentionné.

Je propose un intermédiaire : 1 *Notre Père* suivi de 10 *Je vous salue Marie* récités tous les jours pendant 9 jours. Ce sera la preuve de l'intention.

Pour ceux qui craignent de ne pas s'y retrouver dans le comptage, je suggère le *mini-chapelet* : un anneau surmonté d'une croix ayant, sur son pourtour, 10 petites boules rondes. On passe l'index dans l'anneau pour prier comme avec le *chapelet* normal : un *Notre Père* sur la croix, suivi d'un *Je vous salue Marie* sur chaque boule...

**Organisez votre *neuvaine* :**

Personnellement, je pense qu'une *neuvaine* sera mieux faite, et par conséquent mieux reçue, en fin de journée, surtout au coucher, lorsqu'on a tout le temps de bien se recueillir. Sauf si la faire très tôt le matin représentait un sacrifice supplémentaire, forcément bien perçu lorsque se lever dès potron minet n'est pas une habitude...

L'idéal serait de débuter la *neuvaine* un vendredi pour la terminer un dimanche avec des actes de foi supplémentaires ; mais ce n'est pas impératif.

Votre *autel* est organisé (p. 189), l'effigie de votre saint patron à sa place et la bougie allumée (179).

Vous savez quelle grâce particulière vous allez demander et l'*invocation* au saint correspondant est entre vos mains (voir liste page suivante).

Si votre état de santé l'exige, vous pouvez être couché(e), le principal étant la concentration.

Prenez en main le *chapelet* et récitez (ou lisez) les *prières* qui lui sont habituelles : *Notre Père, Je vous salue Marie, etc...*

Dès la fin du *chapelet,* lisez l'invocation dont le sujet correspond à votre demande en la répétant trois fois. Si c'est au moment du coucher, ajoutez la *prière du soir*.

Ainsi, par votre sérieux, vous aurez mis toutes les chances de votre côté.

## Où trouver l'invocation adéquate :

# 6 - Le Feng Shui dans la maison

*Appliquez-vous à garder en toute chose le juste milieu.*
Confucius

Une maison sera plus facile à protéger si elle a été bâtie en tenant compte des principes du *feng shui,* une ancienne philosophie chinoise.

Elle sera, à la fois, *attractive* pour laisser entrer les *bonnes énergies,* et *répulsive* contre les *ondes négatives*. Tout doit être pensé et pesé.

## *Les fondations :*

*Le sage donne le principal soin à la racine.* Confucius

Elles doivent être profondes, bien ancrées dans le sol, et on évitera que les piliers, quand il y en a, soient isolés en les réunissant les uns aux autres par un remplissage de béton ne laissant pas de passage aux *ondes négatives.*

Si un sous-sol est envisagé, les murs et le sol en seront faits de ciment et revêtus d'un enduit ou d'un carrelage intérieurs.

***Les murs extérieurs :***

L'architecture générale de la maison doit éviter les angles en trop grand nombre qui feront office de *bastions* (deux faces formant un angle saillant) à la Vauban, en plus *répulsifs* qu'*attractifs*.

Les *bastions* de l'architecte de Louis XIV repoussaient les tirs par ricochet. Hélas, un angle saillant renverra les *bonnes énergies* avec les *ondes négatives !*

Heureusement que nous avons les moyens de stopper les secondes sans gêner les premières !

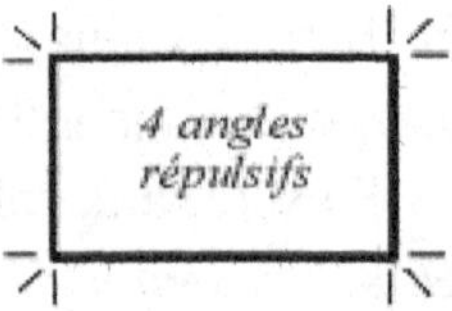


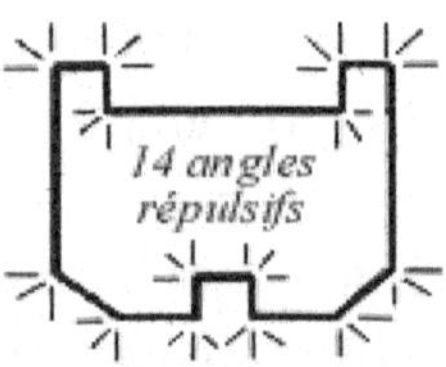


Sur les dessins de maisons ci-contre, on voit que l'une a les 4 *angles répulsifs,* quand l'autre en possède 14... dont 4 à l'intérieur qui formeront en plus des points de tension et entraîneront des brouilles dans le ménage. La première est acceptable, pas la seconde..

*L'ouvrier qui veut bien faire son travail commence par aiguiser ses outils.* Confucius

Certains adeptes de *feng shui* les assimilent à des flèches dirigées vers les autres... ou soi-même.

La maison idéale serait-elle ronde ou ovale, une sorte d'*igloo* qui résisterait aux tempêtes ?

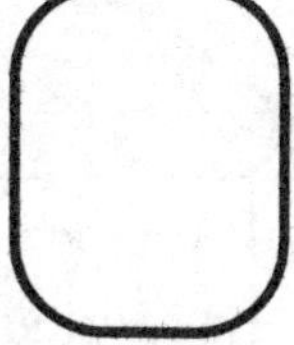

Sans arriver à cette extrémité si peu conventionnelle, on peut en arrondir les angles, l'architecte aura un peu plus de travail, c'est tout. Ou les adoucir avec une tourelle, comme les châteaux d'antan. Cela n'est qu'un principe et une maison à seulement 4 angles n'est pas à proscrire, le *feng shui* les supporte aisément.

Éviter tout de même les piliers isolés, agréables à l'œil, mais qui feront fuir les *bonnes énergies.*

***La toiture :***

Les toits plats ou en terrasse sont réputés assez peu protecteurs. Le fait que l'eau ne s'en écoule pas rapidement est un signe défavorable, car il en sera de même pour les *ondes négatives*.

Le toit classique à deux pentes est déjà un bon élément de protection avec l'avantage de son coût nettement plus abordable.

Quoiqu'on en dise, la meilleure configuration est la plus ancienne : la *pyramide*. Se reporter en page 50 où toutes les motivations de ce choix onéreux mais efficace sont données. La couverture favorisera le naturel avec le chaume, les tuiles régionales rouges, ou les ardoises dans les régions productrices. Éviter le métallique.

Pour une maison rectangulaire, la *pyramide* n'est pas adaptée ; construire le toit en *croupe,* avec le faîte tronqué. Le résultat sera identique et aussi harmonieux.

Ce qui ne gêne en rien la pose de cellules photovoltaïques pour la production d'électricité.

Si des pièces sont aménagées sous le toit, éviter les poutres apparentes ; autrement, ne pas placer de lit ou de table juste en dessous.

***Les escaliers :***

Les escaliers doivent favoriser la "montée" des *bonnes énergies* par leur conception : la *contremarche* (la partie verticale entre les marches) sera fermée par une planche assortie à la marche, sinon l'escalier devient *négatif* pour les *bonnes énergies* qui passeront au travers.

*Escaliers négatifs*

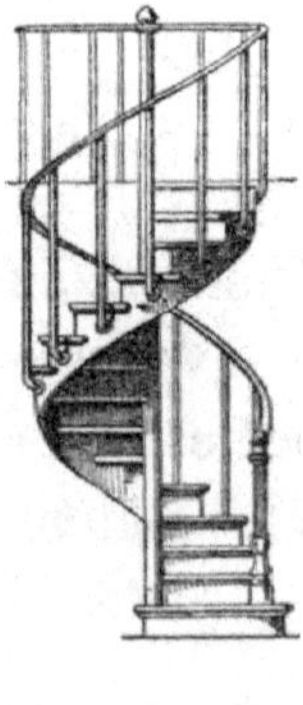

L'escalier à vis ou en spirale n'est pas idéal non plus, surtout s'il trône au centre d'une pièce ; il peut être la source de déboires conjugaux, de disputes entre amis ou d'une mauvaise affaire. Sa forme en tire-bouchon le prédispose à faire s'enfuir l'argent, ce qui n'est pas le but recherché...

Rien ne remplacera l'escalier droit à *paliers de repos.*

En parvenant à son pied, on reçoit comme une invitation à le gravir et il fait la même offre aux *bonnes énergies.* Toutefois, il vaudrait mieux éviter que sa première marche soit face à l'entrée.

## *La distribution des pièces :*

Une maison *feng shui* doit avoir deux accès au rez-de-chaussée : la porte d'entrée principale et la sortie sur le jardin, comme le modèle ci-après où l'une donne sur le Sud et l'autre sur l'Est.

**Jamais face à face.**

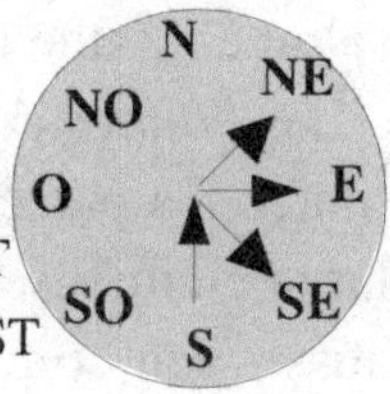


| Entrée | Second accès |
|---|---|
| SUD : | SUD-EST au NORD-EST |
| EST : | NORD-EST au NORD-OUEST |
| NORD : | NORD-OUEST au SUD-OUEST |
| OUEST : | SUD-OUEST au SUD-EST |

Quelle qu'en soit l'orientation, le second accès sera **toujours à la droite** du premier en entrant dans la maison. (*Exceptionnellement à gauche.*)

Les éléments seront alors en harmonie.

Éviter que l'entrée de votre maison soit un long couloir étroit, ce serait une flèche dans votre dos.

Proscrire les piliers isolés formant obstacles.

Ne pas installer de toilettes en face de la porte d'entrée ni en haut d'un escalier.

Le hall d'entrée doit être assez vaste pour que le visiteur soit à son aise en pénétrant ; la cuisine sera installée sur la gauche de la maison, sans accès à l'extérieur afin que les *bonnes énergies* n'en ressortent pas à peine entrées ; les *ondes négatives* ne se faufileront pas non plus et sa grande fenêtre favorisera un bon *feng shui* ; le salon aura une baie vitrée sur le jardin (Est).

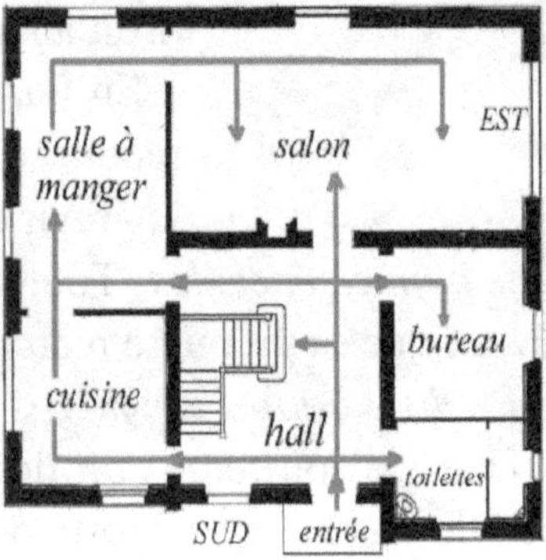


Les *bonnes énergies* (flèches grises) traverseront toutes les pièces d'un bout à l'autre et de long en large en diffusant leurs bienfaits. Dans une maison aussi bien conçue, elles seront sous contrôle... Et vous n'aurez pas bâti pour autant un blockhaus.

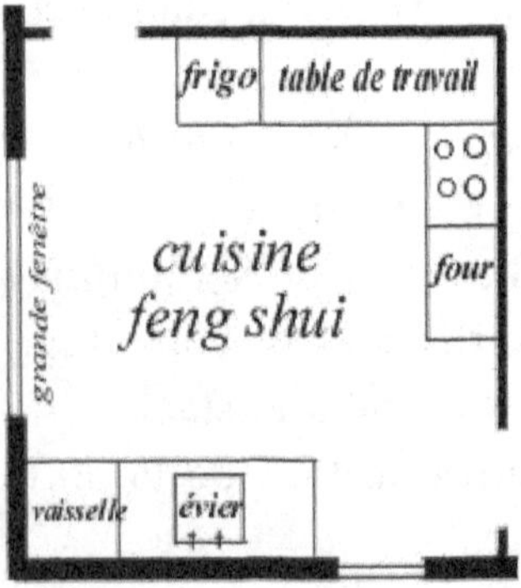


Pour en revenir à la cuisine, centre névralgique de la maison, il sera bon d'éviter que la cuisinière, les plaques de cuisson, les fours, soient proches de l'évier, du réfrigérateur et du lave-vaisselle.

En effet, un conflit éclaterait entre les éléments ***feu*** et ***eau***, déclenchant des disputes familiales à n'en plus finir... Par ailleurs, la bonne protection d'une cuisine impose qu'elle ne soit pas en prise directe sur l'entrée ; dans notre plan, la largeur du hall suffit à la mettre hors de portée.

Concernant les pièces du haut, les chambres en particulier, il faut éviter les portes face à face qui accélèrent le passage des *bonnes énergies* ; en décalant les portes, on oblige ces dernières à sinuer, à traverser lentement.

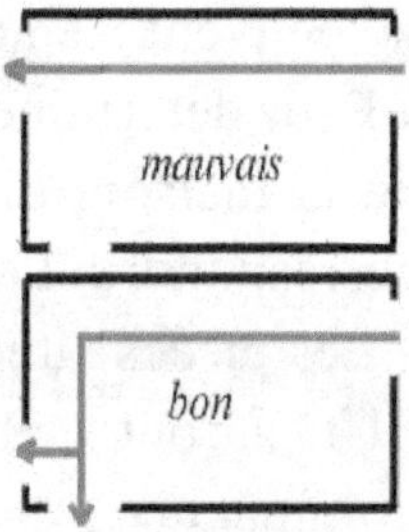


Pour les salles de bain, ou d'eau, et les toilettes, le circuit nécessité par les tuyaux venant du rez-de-chaussée peut être respecté, puisqu'il n'y aura pas de conflit d'éléments à craindre.

Une chambre à coucher *feng shui* est de forme régulière, carrée ou rectangulaire, sans appendice (salle d'eau) la transformant en L.

Ne jamais situer le lit face à une porte, qui sera plutôt sur un côté, ni entre deux portes, par où s'enfuiraient les *bonnes énergies*.

Son orientation a aussi une grande importance que nous traiterons plus loin.

Les portes coulissantes ou transparentes seront bannies, elles iront mieux en bois plein.

Une maison *feng shui* n'est ni plus compliquée ni plus onéreuse qu'une autre de même qualité...

***L'aménagement intérieur :***

Les peintures et tapisseries seront choisies dans des coloris fondus, voire, ce qui est encore mieux, unis. Les grands dessins tarabiscotés et violents ne peuvent rien apporter de bon.

Pour déterminer les coloris d'après l'orientation de la maison, diviser son plan en 8 quartiers qui correspondront aux orientations des pièces :

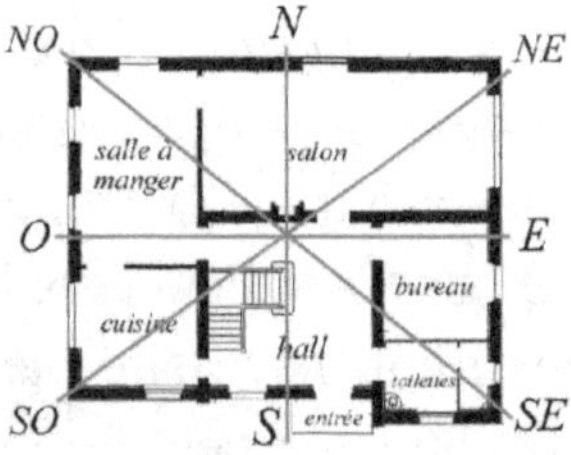


Les pièces situées vers le SUD auront le ROUGE en dominante.

Les pièces situées vers le NORD auront le VERT en dominante.

On passera du ROUGE (couleurchaude) au VERT (couleur froide) par les intermédiaires :

ORANGE pour le hall et le bureau, les pièces de réceptions professionnelles.

JAUNE pour la cuisine et les toilettes qui s'en trouveront égayées.

BLEU pour le salle à manger où l'appétit sera aiguisé par la perspective des vacances.

VERT pour le salon où règnera la quiétude.

*L'homme sage n'est pas comme un vase ou un instrument qui n'a qu'un usage ; il est apte à tout.* Confucius

Les rideaux ont aussi leur importance dans une maison qui se veut *feng shui* ; premier principe, il ne faut pas laisser une fenêtre nue, la sortie des *bonnes énergies* en serait

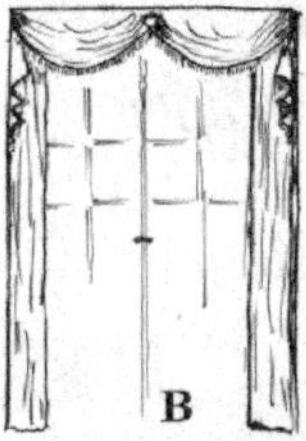


facilitée. Les rideaux les freineront ; toutefois, il faudra tenir compte des éléments (*feu, eau, bois, métal*) et de l'orientation : sur la façade Sud (*feu*) on posera le modèle A, avec lambrequin (bordure à festons) dont les motifs carrés soulignent l'élément ; sur l'Est (*bois*) le B descendant au sol, avec lambrequin ; sur la Ouest (*métal*) le C monté sur anneaux, sans lambrequin et avec embrasses (cordelières) ; sur la Nord (*eau*), le modèle D conviendra très bien.

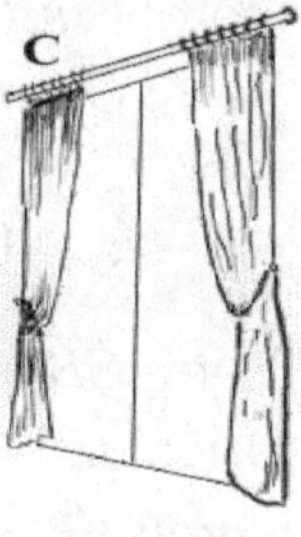


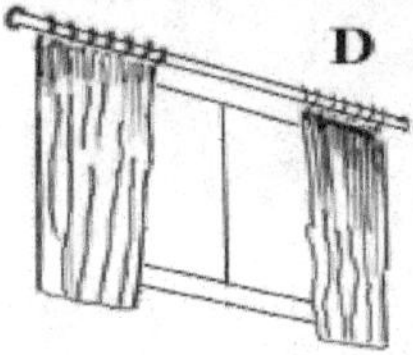


Mais ces données idéales ne seront pas suivies dans notre modèle : la cuisine (Ouest) aura le D sur anneaux, plus pratique sur sa grande fenêtre, et dans la salle à manger (Ouest), le modèle B sera posé. La baie du salon et le bureau, (Est) auront le C.

Le *feng shui* est conciliant et ces entorses seront réparées dans les chambres qui suivront la règle...

Il sera plus facile de suivre ces conseils dans les chambres, mis à part les salles de bain et toilettes où aucun rideau ne sera nécessaire.

Avant de placer les meubles, intéressons-nous à votre *Orientation Propice*.

***L'Orientation Propice* ou *OP* :**

Déterminez d'abord votre *Chiffre Bénéfique*.

Imaginons que vous êtes né(e) en 1976.

On additionne les deux derniers chiffres jusqu'à n'en avoir plus qu'un : 7 + 6 = 13. 1 + 3 = 4.

On soustrait ce chiffre de 10 : 10 - 4 = 6.

Votre *Chiffre Bénéfique* (*CB*) est le 6.

Votre *Orientation Propice* d'après celui-ci :

| *CB* | 1 | 2 | 3 | 4 | 5 | 6 | 7 | 8 | 9 |
|---|---|---|---|---|---|---|---|---|---|
| *OP* | SE | NE | S | N | E | O | NO | SO | SE |

Votre *CB* étant le 6, votre *OP* est à l'Ouest.

Orientez la tête de votre lit *dans le sens de votre OP*. Remarquez la position de la coiffeuse, qui est en biais pour ne pas refléter le lit ! La philosophie chinoise considère que ce serait négatif pour le *feng shui*.

Dans tous les cas, ne pas avoir les pieds dirigés directement vers une porte, ainsi que nous l'avons vu précédemment.

Éviter des matelas séparés dans un grand lit, cela pourrait provoquer une désunion.

Les toilettes et salles de bain, ou d'eau, sont les pièces qui ont le plus mauvais *feng shui*.

Peu importe leur emplacement, il vaut mieux les prévoir petites, cachées, et fermées. Inutile de les décorer, cela n'apporterait rien de meilleur.

Attention aux étagères de la bibliothèque ! Ouvertes, elles font l'effet de flèches dirigées droit sur vous ; il vaut mieux fermer les étagères avec des portes vitrées. Au pis aller, il faut aligner les livres pour que leur dos effleure le rebord.

***La décoration intérieure :***

Il en va des objets comme des hommes : certains s'avèrent plus utiles que d'autres.

Avoir un couple de canards chez soi est une nécessité *feng shui* ; qu'ils soient en faïence, terre cuite ou métal doré, pourvu que ce soient des *canards mandarins* au plumage coloré, originaires d'Extrême-Orient.

*Le sage donne aux choses les noms qui leur conviennent, et chaque chose doit être traitée d'après la signification du nom qu'il lui donne.* Confucius.

À défaut de canards, il est admis qu'un couple d'*inséparables* peut les suppléer. Petites perruches de Madagascar qui ne peuvent vivre qu'en couple, elles sont la garantie du vôtre. Si on n'aime pas les oiseaux en cage, leur représentation en peinture ou en image sera aussi efficace. Avec les uns ou les autres, le symbole d'amour partagé est très fort ; les mettre dans une des principales pièces, la chambre ou le salon, sur une petite table en *Orientation Propice*.

En général, préférez les objets allant par paire.

Les *photos de famille* sont un élément important

à soigner particulièrement ; un couple sera disposé afin que l'un ne domine pas l'autre plus que par la différence de taille : que l'un ne soit pas juché sur quelque chose faisant paraître l'autre plus petit.

Par contre, si un personnage important dans la famille doit y figurer, le placer de façon à ce qu'il domine les autres, les trois têtes formant un sommet de triangle. La hiérarchie familiale sera respectée et le *feng shui* préservera l'accord entre les époux, ce qui facilitera la protection de la maison.

Nous avons vu précédemment (page 53) comment les pierres et cristaux peuvent protéger la maison.

Mais une demeure *feng shui* donne à ceux-ci le pouvoir supplémentaire d'y favoriser l'amour !

Suspendez devant la fenêtre du salon ou de la chambre (ou des deux) une de ces pierres ou cristaux en fonction de ce que vous désirez ; si c'est pour sa protection en plus de celle du *feng shui,* il assumera son rôle complémentaire sans faiblir.

Certains pourraient me reprocher de m'écarter parfois du but ultime de ce livre, *la protection du domicile.* C'est vrai, puisque je viens de parler, une fois encore, de l'amour !

Une maison où l'amour n'existe pas peut-elle être heureuse ? Et sans bonheur, à quoi serviraient les meilleurs remparts ?

Les *ondes négatives* se feraient un malin plaisir d'entrer et de remplacer les *bonnes énergies...*

Célibataires qui désirez trouver l'âme sœur, que sont les décorations de votre intérieur ?

Une dame, chez laquelle les tableaux, statues et diverses représentations humaines, où meubles et objets sont seulement le reflet d'une féminité sans partage, risque de voir fuir son mâle visiteur qui se sentira trop étranger à cet univers.

Chez un monsieur où tout est axé sur le biceps, où l'électronique et le bricolage règnent en maîtres exclusifs et où une femme se sentira importune, le résultat sera identique.

Et ces deux solitaires invoqueront le mauvais œil pour expliquer leur fiasco sentimental.

Alors, madame, le *feng shui* vous recommande de *viriliser* un peu votre nid en exhibant un subit intérêt pour Napoléon, les automobiles, le sumo, ou ce qui vous paraît opportun en fonction de ce que vous savez de votre invité et devant lesquels il s'extasiera avant de s'installer.

Quant à vous, monsieur, cachez ces photos des héros de votre club préféré pour les remplacer par une œuvre d'art contemporain en rapport avec les goûts de votre invitée, et peut-être restera-t-elle.

Vous n'y perdrez pas votre âme et y trouverez même l'amour.

Car l'amour fait partie du *feng shui*.

> *Le sage ne s'afflige pas de ce que les hommes ne le connaissent pas, il s'afflige de ne pas connaître les hommes*. Confucius.

# 7 - LES RITUELS

*On doit appeler machine, dans le sens le plus étendu, toute idée sans penseur.* Émile Chartier, dit Alain.

Vous serez d'accord avec Alain pour reconnaître que toute idée, si bonne soit-elle, ne donnera rien sans la réflexion qui doit la précéder.

Ce qui revient à dire qu'il vaut mieux apprendre à connaître l'outil avant de l'utiliser, faute de quoi on devient machine soi-même. C'était le but des (nombreuses) pages précédentes au fil desquelles nous avons passé en revue la (presque) totalité des recettes concernant, de près ou de loin, la **protection et la bénédiction du domicile.**

Une maison court des risques de toutes sortes et le premier qu'il faut éradiquer pour prévenir une guigne persistante, c'est celui du monde qui nous entoure et nous guette !

Aidez-vous de la *pyramide* (se reporter page 42) ou du *pendule* (page 23) si vos compétences ne vous paraissent pas suffisantes pour choisir les bonnes armes de dissuasion...

Que vous habitiez ou pas une maison *feng shui* (page 197), la stratégie sera identique :

**1) préparation,**
**2) planification,**
**3) application.**

Concernant les deux premiers points, la stratégie sera parfois répétitive ; il est en effet normal que les mêmes composants soient utilisés pour des objets très voisins, la *protection* et la *bénédiction du domicile*, par exemple. Ou le traitement des calamités naturelles telles que l'*inondation*, le *feu*, la *foudre*, la *tempête*, le *tremblement de terre...*

Pour ne pas ajouter à la longueur du texte, nous ne citerons ces données que dans le premier cas, les autres se contentant d'en rappeler le numéro de la page.

# Protection, bénédiction du domicile

*Le Seigneur est notre protection et notre aide.* Calvin

## 1 : La préparation :

Votre bataille aura lieu dans votre maison, avec les armes sélectionnées par vous pour écarter une intrusion de maux divers et inconnus.

Ce sera le succès de la lucidité sur l'ignorance, à condition d'agir en plusieurs phases régulées :

**a) Renforcer les défenses extérieures :**

**Soit** avec le ***sel*** (se reporter page 28),

**soit** avec les ***sceaux de Salomon*** (p. 34) installés aux endroits statégiques.

*Vous ne pouvez utiliser les deux ensemble* qui se neutraliseraient. Ce sera votre première décision tactique et il y en aura d'autres, car la protection de la maison n'est pas stéréotypée comme sortant d'un moule ; votre cas est exclusif et c'est à vous seul(e) qu'elle incombe.

*Choisir, c'est l'éclair de l'intelligence.* Balzac

**b) Organiser la résistance intérieure :**

Malgré les meilleures défenses, l'ennemi peut se glisser au travers des mailles ; vous disposez d'un évantail copieux pour repousser toute incursion :

***Les pierres et les cristaux*** (se reporter page 53) ; toutes et tous sont bons pour le service.

Les uns sont spécialisés dans la défense directe : *tourmaline, jaspe rouge, œil de tigre, labradorite, obsidienne...* Pendant que les autres maintiendront le moral : *améthyste, rubis, saphir, émeraude...*

Pendu assez haut derrière le rideau, et dans l'embrasure d'une fenêtre, le bijou stoppera les avatars étrangers. Porté sur soi ou sur les *chakras* (p 13), il sera garant d'un mental retrouvé.

Il faut bien reconnaître que c'est là que le choix sera le plus laborieux, malgré que les dames sauront toujours faire la différence entre l'une ou l'autre de ces splendeurs. Une bague, un pendentif, des boucles d'oreilles, une broche, se transforment en armes de dissuasion. Une raison de plus pour s'en décorer tout en restant dans le défensif... Et quand on sait que des spécialistes ont déterminé pour nous l'avantage des espèces, on n'a plus qu'à suivre leurs indications pour être à l'aise en toute circonstance.

***Les runes*** (voir page 69) :

Certaines sont idéales contre le mauvais œil.

Les autres aideront à restaurer le sommeil ou à se protéger d'un choc émotionnel...

Gravez au fer rouge, sur une petite planchette de bois vernie (ou achetez-les toutes faites), les *lettres runiques* les plus efficaces. *Jeta* et *sowilo,* réputées excellentes pour la protection, seront associées à *wunjo* pour le moral ; elles formeront un ensemble harmonieux et bénéfique.

***Les talismans protecteurs*** (page 73) :

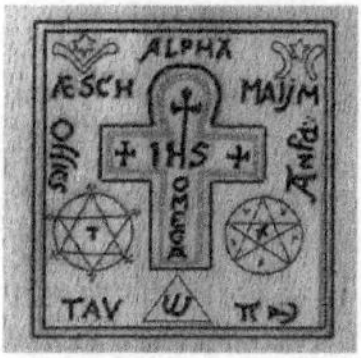


Le choix est immense, mais une *croix de la porte* (75) est justifiée dans une entrée où le passage sera sous contrôle absolu.

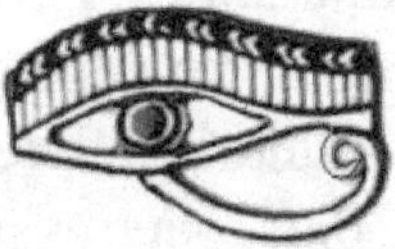

Les *pentacles* et les *pantacles,* surtout *l'œil d'Horus* (p. 84) sont aussi armés pour protéger du mal.

Et toujours le choix restant pour le moral, car, si la discipline est la force principale des armées, le mental et la félicité en sont les soutiens... En effet, il n'est pas souhaitable que vous défendiez votre maison avec le moral dans les chaussettes !

*Le plus grand secret pour le bonheur,c'est d'être bien avec soi...* Bernard Le Bovier de Fontenelle

## 2 : la planification :

Votre *autel* (page 189) est installé en permanence dans un coin discret de votre maison ; ce sera le poste de commandement.

N'oublions pas que votre seule aide "humaine" sera celle du *saint* que vous avez choisi (se reporter page 115 et suivantes) et auquel vous adresserez vos invocations.

### a) Le choix du jour et de l'heure :

La ***lune*** sera votre chaperon (se reporter page 111) : si votre énergie est revigorée par quelques uns des éléments de soutien cités plus haut, choisissez la période de la *nouvelle lune* pour commencer les opérations, l'efficacité est à son comble malgré la rigidité qu'elle entraîne.

Sinon, préférez la *pleine lune*, plus facile dans le contact et très performante elle aussi.

Le *premier* et le *dernier quartier* sont à éviter, le rendement étant moins garanti, sauf si vous vous sentez une âme de combattant(e).

L'heure concernera surtout celle durant laquelle vous ferez vos invocations au saint. Nous avons vu que les meilleures sont celles qui dépendent de vous et de vos habitudes...

**b) Les armes dissuasives :**

Les ***encens*** (page 87) : le *benjoin* (90) sera en première ligne, c'est le spécialiste de la protection du domicile.

Le brûler dans l'*encensoir*, mélangé à du *galbanum* (93) et de la *myrrhe* (94).

En cas de carence de *benjoin*, on le remplace par le *copal*, le *galbanum*, la *gomme arabique*, voire l'*oliban* ; et l'*opopanax* en dernier ressort...

Quand on a terminé avec les premiers, une cure de *sang dragon*, de *pin sylvestre* ou de *storax* se justifie pour le mental.

Les ***huiles essentielles*** peuvent être préférées, plus simples à manier (page 97) puisqu'on les fait brûler dans un *brûle-parfum*. Le choix est étendu :

*aloès* (99), *eucalyptus* (102), *iris* (104), *lavande* (105), *niaouli* (106), *sauge* (108), *ylang-ylang* (108).

Le *ylang-ylang* a ma préférence, il rend l'avenir serein...

On peut soutenir le moral avec l'*armoise* et le *basilic* (99) pour répondre à une possible tentative d'intrusion malvenue.

## 3) L'application :

Vous demandez au *saint* le plus proche de votre problème d'intercéder pour vous (pages 124 à 169).

Sur les 33 cas où son action vous sera précieuse, pour la ***protection du domicile*** vous disposez de l'arme absolue : **Saint Roch** (164).

C'est le plus réputé pour ce genre d'assistance et son intercession sera bien écoutée.

Il est préférable que vous ayez une représentation du saint sous la forme de statuette, d'image ou de médaille.

En leur absence, vous les remplacerez par l'image ci-contre (ou celle de la page 164) et saint Roch ne vous en voudra pas du tout...

Maintenant, si vous vous sentez fin prêt(e), reportez-vous à la page 165 de ce livre où vous lirez (ou réciterez) **trois fois** l'invocation réservée à *la protection du domicile*.

Le jour et l'heure décidés étant arrivés, vous ne pensez qu'à votre but :

**La neuvaine :**

Sans oublier de vous signer avec l'*eau bénite* (181).

1) Récitation d'un *Chapelet* (193).
2) **Trois** *Invocations* à saint Roch (165).
3) La *Prière du soir* (176).

Il serait souhaitable d'ajouter l'une de ces prières :
- *Litanie au Saint Nom de Jésus* : 119
- *Litanie à la Sainte Vierge* : 121
- *Litanie aux saints* : 170
- *Acte de foi* : 173
- *Acte d'espérance* : 173
- *Prière de Saint François d'Assise* : 173
- *Prière à Marie* : 174
- *Je crois en Dieu* : 175
- *Je vous salue, Marie* : 175
- *Notre Père* : 176

Votre domicile est maintenant sous la protection de Dieu, de Jésus, de Marie, et des saints.

## Contre le feu et la foudre

*Un feu léger est vite étouffé ; si vous le laissez faire, des rivières ne sauraient l'éteindre.* Shakespeare.

Il a raison, l'ami Shakespeare, mais il est encore plus simple d'éviter qu'il s'allume.

Appliquons la stratégie convenue :

### 1) La préparation :

Ce sera la même que celle du chapitre précédent, la défense extérieure étant assurée par le *sel* ou les *sceaux de Salomon.* Avec les *runes* protectrices (pages 69-72) : *hagalaz,* contre les surprises, et *ingwaz*, contre les éléments naturels, gravées sur une planchette de bois vernie, la défense passive est assurée.

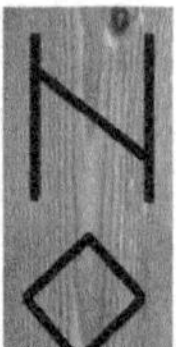

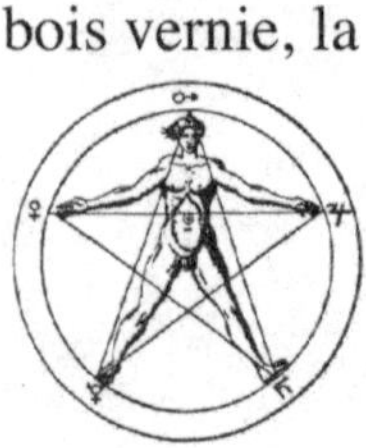

Pour le maximum de sécurité, on leur adjoint le *pentacle d'Agrippa* (page 81), qui donnera la volonté nécessaire d'arriver au but.

## 2) La planification :

Il reste à fourbir les armes : le *sang dragon* (96), dont les *ondes positives* protègent la maison, sera allié au *benjoin* (90) dans l'encensoir.

Les amateurs d'*huiles essentielles* leur préfèrent l'*aloès* (page 99) dont la qualité protectrice est connue pour se préserver des éléments naturels.

On ne tiendra pas compte de la *lune*.

## 3) L'application :

2 noms : sainte **Barbe** et sainte **Fleur.**

Leurs *invocations* sont en pages 131 et 140.

Sainte Barbe maîtrise bien la foudre, mais sainte Fleur n'a pas démérité. Vous pouvez préférer l'une à l'autre, ou invoquer les deux.

### La neuvaine :

Sans oublier de vous signer avec l'*eau bénite*.

1) Récitation d'un *Chapelet* (193).

2) **Trois** *Invocations* à sainte Barbe ou à sainte Fleur.

3) La *Litanie à la Sainte Vierge* (121).

Et ajouter la *Prière du soir* (176).

## Contre l'inondation

*Si un contemplatif se jette à l'eau, il essaiera d'abord de la comprendre. Et il se noiera.* Henri Michaux.

### 1) La préparation :

Ce sera la même que celle du chapitre précédent, la défense extérieure étant assurée par le *sel* ou les *sceaux de Salomon* (28-34).

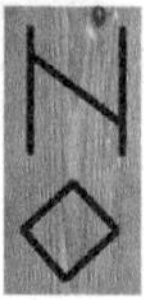

Avec les mêmes *runes* (pages 70-72) : *hagalaz* et *ingwaz*, gravées sur une planche de bois, la défense passive sera assurée.

Pour le maximum de sécurité, on leur adjoint le *pentacle d'Agrippa* (page 81), donnant la volonté nécessaire pour arriver au but.

### 2) La planification :

La raison (éléments naturels) et les armes seront identiques : le *sang dragon* (page 96) pour l'encens et l'*aloès* (page 99) pour les huiles essentielles.

## 3) L'application :

Contre l'inondation, vous disposez de 2 noms : sainte **Geneviève** et saint **Maxe.**

Leurs *invocations* sont en pages 143 et 154.

Parler d'eau à sainte Geneviève est naturel, elle repoussa les Huns sur la Seine !

Avec saint Maxe, c'est moins évident, mais on peut lui faire confiance, Dieu lui ayant donné le pouvoir de commander aux éléments !

Choisissez l'un des deux, ou invoquez les deux pour plus de sécurité, si vous préférez.

### La neuvaine :

Sans oublier de vous signer avec l'*eau bénite.*

1) Récitation d'un *Chapelet* (193).
2) **Trois** *Invocations* à sainte Geneviève (143) ou à saint Maxe (154), ou aux deux.
3) La *Litanie aux Saints* (170).
Et ajouter la *Prière du soir* (176).

# Contre les ondes négatives

Sujet important s'il en est ! Les *ondes négatives* sont nos ennemies les plus acharnées, mais nous avons un arsenal pour nous défendre !

## 1) La préparation :

Pour les défenses extérieures, procéder comme au chapitre *protection de la maison* (page 213), avec le *sel* **ou** les *sceaux de Salomon.*

La résistance intérieure sera également copiée, que ce soit pour les *pierres et cristaux,* les *runes* et les *talismans* (pages 214-215).

## 2) La planification :

Les *encens* (*benjoin, copal, galbanum*) et les *huiles essentielles* (*ylang-ylang*) pourront être les bons choix (page 217).

Choisir la période de la *nouvelle lune*.

## 3) L'application :

Ce chapitre est séparé de celui de la *protection de la maison* car le saint à invoquer est différent.

Dans le cas présent, il faut s'adresser à saint **Pierre de Vérone** (160).

Saint Roch préserve contre les attaques provenant surtout de *l'extérieur*.

Ici, il sera seulement question des *intérieures,* dont l'origine est à chercher dans l'entourage ; il faut savoir à laquelle on est opposé avant de décider qui invoquer.

Pour celle-ci, Pierre de Vérone, assassiné par ses amis, connaît son sujet.

Ensuite, c'est le processus habituel :

### La neuvaine :

Sans oublier de vous signer avec l'*eau bénite.*

1) Récitation d'un *Chapelet* (193).

2) **3** *Invocations* à saint Pierre de Vérone (160).

3) La *Prière du soir* (176).

La *Litanie aux Saints* (170) ne sera pas superflue.

# Contre les tempêtes, les tornades

*Car toute nuée n'engendre pas la tempête.* Shakespeare

## 1) La préparation :

Ce sera la même que celle du chapitre contre le feu et la foudre (220), la défense extérieure étant assurée par le *sel* ou les *sceaux de Salomon.*

Avec les mêmes *runes* : *hagalaz* (71), contre les mauvaises surprises et *ingwaz* (72), contre les éléments, gravées sur une planchette de bois.

On y adjoint la *Croix celte* (77), experte dans la protection contre les éléments déchaînés.

## 2) La planification :

La raison (éléments naturels) et les armes seront identiques : le *sang dragon* (96) pour l'encens et l'*aloès* (99) pour les huiles essentielles.

## 3) L'application :

Cette fois encore, deux saints sont favorables : **Christophe** (134) et **Elme** (137).

Christophe est réputé pour la protection du voyageur, ce qui ne concerne pas notre objet, mais il s'avère tout aussi efficace contre les éléments.

Elme est réputé protecteur des marins, mais sa connaissance des éléments en fait un excellent défenseur contre eux lorsqu'ils se fâchent.

### La neuvaine :

Sans oublier de vous signer avec l'*eau bénite*.

1) Récitation d'un *Chapelet* (193).
2) **Trois** *Invocations* à saint Christophe (134), ou à saint Elme (137), ou aux deux...
3) La *Prière de saint François d'Assise* (170).
Et la *Prière du soir* (176).

# Contre les tremblements de terre et les volcans

*La présence d'un volcan, même éteint, imprime toujours au paysage quelque chose d'étonnant et de tragique.* Stendhal

## 1) La préparation :

Ce sera la même que celle du chapitre contre le feu et la foudre (220), la défense extérieure étant assurée par le *sel* ou les *sceaux de Salomon.*

Avec les mêmes *runes* protectrices : *hagalaz,* contre les surprises, *ingwaz*, contre les éléments naturels, gravées sur une planchette de bois, et la défense passive sera assurée. Pour le maximum de sécurité, on leur adjoint le *pentacle d'Agrippa* (81), qui donnera la volonté d'arriver au but.

## 2) La planification :

La raison (éléments naturels) et les armes seront identiques : le *sang dragon* (96) pour l'encens et l'*aloès* (99) pour les huiles essentielles.

## L'application :

Sainte **Agathe** (124) est notre aide et protectrice, on connaît son courage et sa volonté.

En France métropolitaine, le risque volcanique n'est pas à craindre, mais nos îles lointaines peuvent en souffrir.

Les tremblements de terre, par contre, peuvent ébranler tout le monde... Il faut donc s'en protéger.

### La neuvaine :

Sans oublier de vous signer avec l'*eau bénite*.

1) Récitation d'un *Chapelet* (193).

2) **Trois** *Invocations* à sainte Agathe (124).

3) La *Prière à Marie* (176).

Et ajouter la *Litanie à Jésus* (119) si le risque de tremblement de terre ou d'éruption volcanique se précise de plus en plus.

# Pour trouver un domicile

*Les maisons sont bâties pour être habitées et non point regardées.* Francis Bacon.

En effet, avant de songer à son aspect extérieur, il faut se demander si on y sera bien.

## 1) La préparation :

Les protections extérieures habituelles (*sel* et *sceau de Salomon*) n'ont rien à faire ici.

Dans les *pierres et cristaux*, la *malachite* (p. 63), portée sur le *chakra solaire* (13) peut se révéler utile pour une transaction délicate.

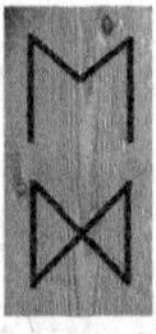

Les *runes* aideront beaucoup avec *eihwaz* et *dagaz* sur la planchette (72). Le *pantacle de la lune* (82), réputé pour les transactions immobilières, sera le bienvenu.

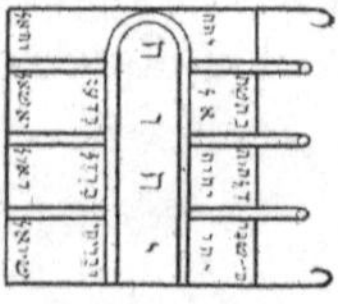

## 2) La planification :

Un encens vous serait utile et l'*oliban* (95) s'y prêtera en vous donnant la persuasion nécessaire pour décider le négociateur.

Dans les huiles essentielles, la *sarriette* (109) se révèlera la plus originale.

L'heure de l'invocation sera choisie pendant la période lunaire la plus favorable, la *pleine lune*.

## 3) L'application :

Saint **Antoine de Padoue** (128) est un vrai faiseur de miracles : il aidera à trouver une maison comme s'il s'agissait d'un objet perdu !

Il faut savoir le lui demander en suivant le processus :

### La neuvaine :

Sans oublier de vous signer avec l'*eau bénite.*

1) Récitation d'un *Chapelet* (193).
2) **Trois** *Invocations* à saint Antoine (129).
3) La *Prière à Jésus* (119).

Et la *Prière de saint François d'Assise* (173).

## Pour vendre un domicile

*Partout où l'homme veut se vendre,*
*il trouve des acheteurs.* Lacordaire.

Lacordaire a raison, une âme est plus facile à vendre qu'une maison ! C'est pourquoi vous avez besoin d'une aide extérieure.

Vendre et acheter étant des opportunités opposées, le processus sera modifié.

### 1) La préparation :

Les protections extérieures du *sel* et du *sceau de Salomon* seront à éviter, évidemment...

Dans les *pierres et cristaux,* la *malachite* (p. 63) peut se révéler utile pour une transaction délicate.

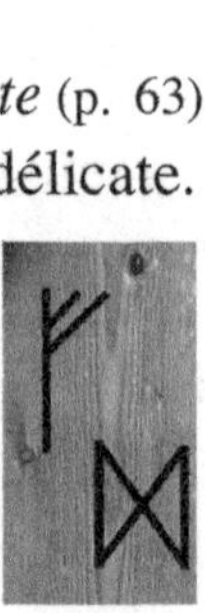

Les *runes* créeront l'ambiance avec *fehu* et *dagaz* (70-72) sur la planchette.

Le *pantacle de la lune* (82), réputé pour les transactions immobilières, sera bienfaisant.

## 2) La planification :

Nous reprendrons les mêmes éléments que dans le chapitre précédent (page 231), à savoir la *pleine lune*, l'*oliban* (95) et la *sarriette* (109).

## 3) L'application :

C'est là que réside la plus grande différence avec la vente, le saint concerné est un autre :

**Saint Roch** protégeant le domicile, il est naturel qu'il préside aussi à sa vente, puisqu'il est la garantie de sa bonne préservation.

Et il ne mettra ni le vendeur ni l'acheteur en difficulté.

### La neuvaine :

Sans oublier de vous signer avec l'*eau bénite*.

1) Récitation d'un *Chapelet* (193).

2) **Trois** *Invocations* à saint Roch (165).

3) La *Prière du soir* (176).

Et la *Prière à Marie* (174).

## Protection contre le voisinage

*Nous faisons nos amis, nous faisons nos ennemis, mais Dieu fait notre voisin !* Chesterton.

### 1) La préparation :

Renforcer les défenses extérieures (28 ou 34) avec le *sel* ou les *sceaux de Salomon.*

La *croix de porte* s'impose (75).

*Pierres et cristaux* : le *lapis-lazuli* (59) et le *jade* (62) posés sur le *chakra du cœur* (13) ou portés sur soi en bijoux, forment des remparts.

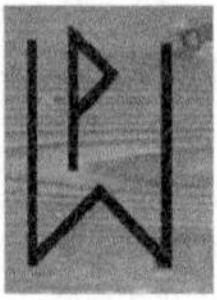

La *rune* adaptée est *perthro* (71), une spécialiste des voisins difficiles. Pour le moral, on peut lui adjoindre *wunjò* (71).

Quant au *pantacle,* celui de *Bouddha* (84) convient bien.

## 2) La planification :

En fumigation, le *galbanum* (93) est parfait, ou, dans les *huiles essentielles,* choisir l'*hysope* (104).

La *pleine lune* sera le moment idéal.

## 3) L'application :

Deux saints sont, cette fois encore, à votre disposition :

**Georges** (144) et **Pierre** (162). L'un était un chevalier sans peur, l'autre un ancien pêcheur.

L'un vainquit le dragon, l'autre reçut de Jésus les clefs de l'Église. Qui choisir ?

La décision vous appartient, de même que vous pouvez opter pour les deux en même temps.

### La neuvaine :

Sans oublier de vous signer avec l'*eau bénite.*

1) Récitation d'un *Chapelet* (193).
2) **Trois** *Invocations* à saint Georges (144), ou à saint Pierre (163), ou aux deux.
3) La *Prière du soir* (176).
En ajoutant l'*acte d'espérance* (173).

## Contre l'abus de l'autorité maritale

*La plus grande couardise consiste à éprouver sa puissance sur la faiblesse d'autrui.* Audiberti.

Tout est dit. Un mari violent ne serait donc que l'inverse de ce qu'il veut paraître. C'est pourquoi il faut lui opposer une force inconnue de lui...

### 1) La préparation :

Inutile de songer aux défenses extérieures.

Parmi les *pierres et cristaux,* l'*hématite* (62) sur le *chakra du cœur* (13) renforcera la protection.

La *rune* idéale s'avèrera être *berkannoz* (72) qui peut aider à la compréhension mutuelle.

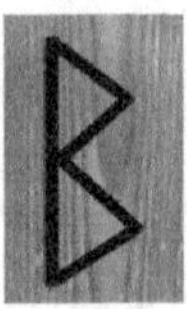

Le *pantacle* recommandé ici sera le *ying-yang* (86) : par ses sources *mâle* et *femelle* bien distinctes, il apporte au couple l'harmonie, l'unité et le bonheur.

On peut lui préférer le *pantacle du couple* (73).

## 2) La planification :

Le *storax* (ou *liquidambar*) (73) en encens, ou le *Bouleau* (100) en *huile essentielle* sont accordés à ce problème.

Le moment permettant de se tourner vers la sainte protectrice sera la tombée de la nuit, un soir de *nouvelle lune* (113).

## 3) L'application :

Sainte **Wilgeforte** (169) sera votre intermédiaire ; elle qui sut se refuser à la convoitise masculine au point de devenir la seule femme à être crucifiée, intercèdera pour vous.

**La neuvaine :**

Sans oublier de vous signer avec l'*eau bénite*.

1) Récitation d'un *Chapelet* (193).
2) **Trois** *Invocations* à sainte Wilgeforte (169).
3) La *Prière à Marie* (174).

En ajoutant l'*acte d'espérance* (173).

Une *Litanie à la Sainte Vierge* (121) serait aussi la bienvenue.

# Contre les accusations injustes

*Il est méritoire de supporter, pour plaire à Dieu, des peines infligées injustement.* Saint Pierre 2,19

Méritoire, oui, obligatoire, non.
C'est pourquoi nous allons nous défendre.

## 1) La préparation :

Pour les défenses extérieures, procéder comme au chapitre *protection du domicile* (page 213), avec le *sel* **ou** les *sceaux de Salomon.*

Dans les *pierres et cristaux,* on posera, sur le *chakra de la gorge* (13), l'*améthyste* (57) pour son action contre les mauvaises langues.

Dans les *runes,* on fera avec *kenaz* (70) et *wunjò* (71).

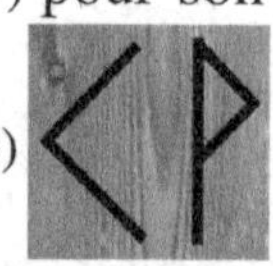

Le *talisman* sera représenté par la *croix ankh* (76) qui apporte la réussite totale et refoule les jalousies.

## 2) La planification :

L'encens de l'*opopanax* (95) ajouté au *benjoin* de base donnera la justification de tout.

Dans les *huiles essentielles,* le bon choix ira au *chèvrefeuille* (101) pour son aptitude à régler les problèmes délicats et la période de la *pleine lune*.

## 3) L'application :

Disposer de deux saints pour un seul sujet est un avantage, surtout avec **André** (125) et **Nicolas** (156).

L'un fut crucifié sur la croix portant son nom, l'autre était le saint le plus populaire du Moyen-Âge.

### La neuvaine :

Sans oublier de vous signer avec l'*eau bénite.*

1) Récitation d'un *Chapelet* (193).

2) **Trois** *Invocations* à saint André (126), ou à saint Nicolas (156), ou aux deux.

3) La *Prière du soir* (174).

En ajoutant, si possible, l'*Acte de foi* (173).

## Contre les amitiés fausses

*Ce n'est ni l'amitié ni la bonté qui nous manquent, mais nous qui manquons à l'amitié et à la bonté.* Jouhandeau.

### 1) La préparation :

Défenses extérieures classiques (page 213), soit avec le *sel,* soit avec le *sceau de Salomon.*

Dans les *pierres et cristaux* on choisira le *jaspe vert* (58) pour le *chakra du cœur* (13).

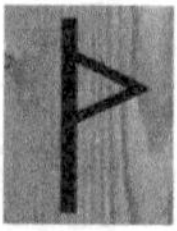

La rune *thuriz* (70) aidera à sélectionner les bons et les mauvais copains.

La *Croix cathare* (76) stigmatise les faux amis qui se trouvent devant un choix : insister et gagner la confiance, ou plier bagages...

C'est exactement ce qu'on demande.

## 2) La planification :

L'encensoir alimenté en *benjoin* (90), en *myrrhe* (94) et en *cannelle* (92) répandra ses arômes purificateurs, pendant que le brûle-parfum diffusera le *niaouli* (106) en chassant les ondes négatives.

Choisir le *premier quartier* de la *lune*.
Toutes les chances seront regroupées.

## 3) L'application :

Nous disposons ici de saint **Jean l'Évangéliste** (147).
Nul n'oserait s'en plaindre puisqu'il fut le disciple préféré de Jésus et que celui-ci mit sous sa protection sa Mère, la Vierge Marie.

### La neuvaine :

Sans oublier de vous signer avec l'*eau bénite.*

1) Récitation d'un *Chapelet* (193).
2) **Trois** *Invocations* à saint Jean (147).
3) La *Prière du soir* (174).

En ajoutant, si possible, l'*Acte d'espérance* (173) et la *Litanie aux Saints* (170).

## La protection des animaux

*Le respect des animaux est indissociable de la morale chrétienne.* Jean-Paul II.

Dans un pays proche du nôtre et très chrétien, on pend, de nos jours, des chiens ayant démérité à la chasse ou à la course !

### 1) La préparation :

Si l'animal à protéger est le vôtre, la protection extérieure s'impose avec les éléments habituels, le *sel* ou les *sceaux de Salomon* (28 ou 34).

Dans les *pierres et cristaux*, l'*oeil de tigre* (58) sera posé sur le *chakra crânien* ou du *3ᵉ œil* (13).

Et la *rune* de protection *jeta* (71).

Si on y ajoute carrément le *pantacle*

*ying-yang* (86), on peut être assuré du meilleur à la place du pire.

Nos amies les bêtes seront à l'abri des brutes de quartier qui ne savent aimer qu'eux-mêmes.

## 2) La planification :

L'*encens* et les *huiles essentielles* utilisées dans le chapitre précédent (241) doivent convenir.

Le moment favorable : la *pleine lune*.

## 3) L'application :

Ici également nous disposons d'un seul nom : **FRANÇOIS d'ASSISE** (141), mais c'est un des meilleurs.

Celui qui appelait les animaux "mes frères" est effectivement bien placé pour les défendre !

Il eut les *stigmates* des plaies du Christ sur les mains, les pieds et la poitrine...

### La neuvaine :

Sans oublier de vous signer avec l'*eau bénite.*

1) Récitation d'un *Chapelet* (193).
2) **3** *Invocations* à saint François d'Assise (141).
3) La *Prière du soir* (174).

En ajoutant l'*Acte d'espérance* (173).

## La brutalité, la haine, la barbarie :

*La haine, c'est la colère des faibles !* A. Daudet
*Les peuples les plus civilisés sont aussi voisins de la barbarie que le fer le plus poli l'est de la rouille.* Rivarol

### 1) La préparation :

Le *sel* (28) **ou** les *sceaux de Salomon* (34) sont à mettre en place d'urgence ! La "qualité" des *ondes négatives* sera redoutable. La *croix de la porte* (75) collée dans votre entrée la verrouillera.

Les *pierres et cristaux* du genre des *rubis* (55), *émeraude* ou *saphir* étant prohibitifs, on peut faire avec la *tourmaline noire* ou *schorl* (56).

Les *runes* seront prises parmi les plus dures :

*jeta, sowilo* et *wunjo* (70-72).

Enfin, pour avoir toutes les chances de son côté, l'*oeil d'Horus* (84) est vivement recommandé.

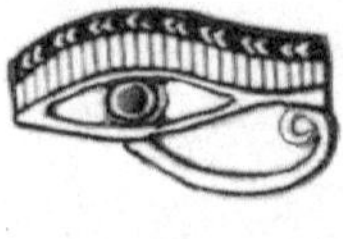

## 2) La planification :

Le *benjoin* sera mélangé au *copal* (93), agrémenté d'un peu de *gomme arabique* (93).

La *bergamote* (100) est l'*huile essentielle* idoine.

L'heure de la *nouvelle lune* sera adéquate.

## 3) L'application :

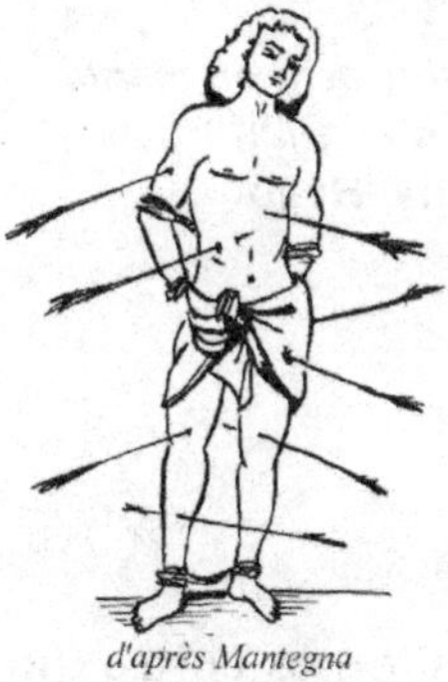

*d'après Mantegna*

Un saint : **Sébastien** (166).

Narbonnais, ancien soldat de l'armée romaine, provocateur, c'est vraiment lui qu'il fallait pour parler brutalité, haine et barbarie ! Il connaît le sujet et l'a vu des deux côtés.

Il sera efficace.

**La neuvaine :**

Sans oublier de vous signer avec l'*eau bénite.*

1) Récitation d'un *Chapelet* (193).

2) **Trois** *Invocations* à saint Sébastien (166).

3) La *Prière du soir* (174).

En ajoutant la *Litanie aux Saints* (170).

## Les causes désespérées

*Le désespoir a ses degrés. De l'accablement on monte*
*à l'abattement, de l'abattement à l'affliction,*
*de l'affliction à la mélancolie.* Hugo

### 1) La préparation :

On peut ranger dans ces causes toutes celles qui concernent la vie de tous les jours qu'elles vont perturber : perte d'emploi, faillite, ruine, accident, mise en examen, et, bien sûr, la maladie grave.

Les protections extérieures n'auront pas autant d'importance, mais ne seront pas inutiles.

Le *cristal de roche* (57) est incontournable sur le *chakra solaire* (13) et sa protection sera garantie.

Les *runes* seront *raïdo* (70) et *othala* (72).

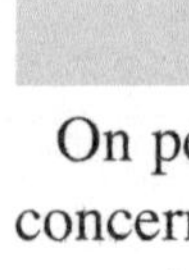

Et nous avons le *triskèle* (79) dont on ne loue jamais assez l'efficacité permanente.

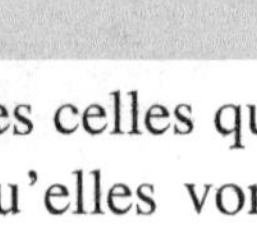

## 2) La planification :

On ajoutera le *pin sylvestre* (96) au *benjoin* pour l'encens. Et le *chèvrefeuille* (101) se consumera lentement dans le brûle-parfums.

La *nouvelle lune* se justifie pleinement.

## 3) L'application :

Deux saints à notre disposition : **Jude** (150) et **Raphaël** (161).

Jude est l'un des 12 Apôtres, et Raphaël *Archange* guérit un aveugle dont il refusa les présents que celui-ci lui offrait. Dans les deux cas, vous serez bien écouté(e).

### La neuvaine :

Sans oublier de vous signer avec l'*eau bénite.*

1) Récitation d'un *Chapelet* (193).

2) **Trois** *Invocations* à saint Jude (150) ou à saint Raphaël (161), ou aux deux...

3) La *Prière du soir* (174).

Et la *Prière de Saint François d'Assise* (173).

# Les causes urgentes

*Il fallait pourvoir à ces urgences ou périr.* Lamartine

Il peut y avoir urgence sans risquer forcément sa vie et il faut s'en préoccuper.

## 1) La préparation :

On peut constater une certaine similitude avec les *causes désespérées* du chapitre précédent, ne serait-ce que dans la nécessité de faire vite.

Les protections extérieures seront appliquées si on le désire, et suivant l'importance de la cause.

Le *cristal de roche* (57) en bijou ou sur le *chakra du cœur* (13) aura l'impact favorable et les *runes raïdo* (70) et *othala* (72) l'y aideront.

Et le *triskèle* (79) fermera la marche pour le plus grand bien de tous.

## 2) La planification :

On prend les mêmes : le *pin sylvestre* (96) ajouté au *benjoin* pour l'encens, et le *chèvrefeuille* (101) mis dans le brûle-parfums.

Pourquoi en faire un chapitre séparé ?

## 3) L'application :

Les saints ne sont pas les mêmes : saint **Expédit** (139) et sainte **Rita** (162) sont rapides dans leurs interventions auprès de Dieu et c'est ce que vous recherchez avant tout. Si la cause était à la fois désespérée et urgente, Rita serait à privilégier comme étant la plus rapide.

### La neuvaine :

Sans oublier de vous signer avec l'*eau bénite.*

1) Récitation d'un *Chapelet* (193).

2) **Trois** *Invocations* à saint Expédit (139) ou à sainte Rita (162), ou aux deux...

3) La *Prière du soir* (174).

Et la *Prière de Saint François d'Assise* (173).

## Contre la dépression

*Elle a ses moments de dépression,*
*ses crises de larmes.* Sarraute

### 1) La préparation :

Au cas où cet état dépressif serait provoqué par les *ondes négatives* d'une tierce personne, il faut recourir aux protections extérieures classiques : le *sel* **ou** les *sceaux de Salomon* (28 ou 34).

Le *chakra solaire* (13) sera renforcé grâce à la *fluorine* (62), qui ressource les déprimés.

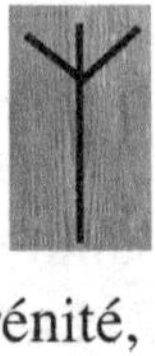

La *rune elhaz* (71) y ajoutera son effet antidépresseur...

Pour avoir le maximum de chances de retrouver la sérénité, le *pantacle de Jupiter* (82) sera très opportun.

## 2) La planification :

Le *camphre* (92), associé au *benjoin* (90) avec le *copal* (93) sera le garant d'un moral revenu.

Le *basilic,* la *bergamote* et la *mandarine* (99-100-105) feront des miracles dans le brûle-parfums.

Le bon moment sera la *pleine lune*.

## 3) L'application :

Qu'il s'agisse de saint **Augustin** (130) ou de saint **Vit** (168), les deux sont tout à fait capables d'aider une personne dont le moral est au plus bas.

Il faut aussi savoir le leur demander.

### La neuvaine :

Sans oublier de vous signer avec l'*eau bénite.*

1) Récitation d'un *Chapelet* (193).

2) **Trois** *Invocations* à saint Augustin (130) ou à saint Vit (168), ou aux deux...

3) La *Prière du soir* (174).

Et la *Litanie à Jésus* (119) serait appréciée.

## L'expulsion, la saisie d'huissier

*Peut-être des huissiers la sinistre cohorte*
*Viendra-t-elle un matin assiéger votre porte.*
Colnet du Ravel

*Huissier de justice* : officier ministériel chargé de signifier les actes de procédure et de faire exécuter les décisions de justice.

### 1) La préparation :

Contre l'intrusion d'un tel homme de loi, on peut tenter le *sel* ou les *sceaux de Salomon...*

Il sera utile de s'entourer d'un peu de chance en portant sur le *chakra solaire* une *malachite* (63).

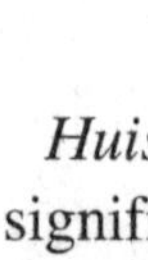

La *rune fehu* (70) complètera tout ça avec le *pantacle de la chance* (81).

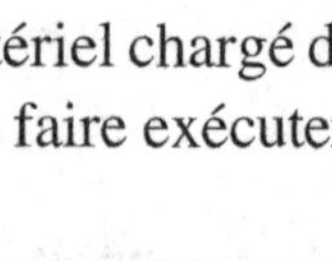

L'huissier partira peut-être et une rentrée d'argent inattendue rendra inutile une autre visite...

## 2) La planification :

Dans l'encensoir, l'*opopanax* (95), détournera la malchance et fera bénéficier d'un recours.

Et la *camomille* (101), dans son brûle-parfums, favorisera l'indulgence de l'officier ministériel.

Ces opérations se font en dehors de sa présence.

## 3) L'application :

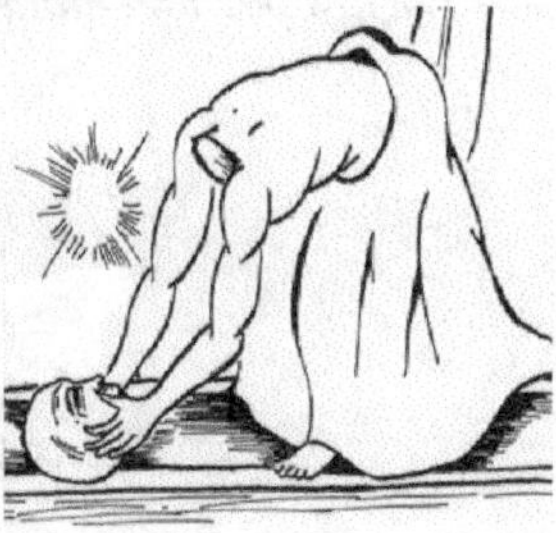

Saint **Frézal** (142) peut vous aider à convaincre un huissier ou un responsable d'expulsion de vous accorder un délai supplémentaire dans vos règlements ou dans la mise à jour de votre dossier.

### La neuvaine :

Sans oublier de vous signer avec l'*eau bénite.*

1) Récitation d'un *Chapelet* (193).
2) **Trois** *Invocations* à saint Frézal (142).
3) La *Prière du soir* (174).

Et l'*Acte d'espérance* (173) serait bienvenu.

# Les femmes enceintes

*On n'a pas un enfant comme un bouquet de roses.*
Frederico Garcia Lorca

## 1) La préparation :

Le mental d'une femme qui attend un enfant est à protéger tout particulièrement. Il faut donc lui conserver un entourage exempt de soucis.

Outre le *sel* (28) ou les *sceaux de Salomon* (34), la *croix de la porte* (75) dans votre entrée stoppera les *ondes négatives.*

L'*agate* (59), posée sur le *chakra sacré* (13), l'aidera à attendre en confiance. La *rune naudiz* (71)

favorisera son moral qui sera agréable. Et le *pentacle du soleil* (83) est vivement conseillé pour préparer l'accouchement.

## 2) La planification :

La *myrrhe* (94) est réputée pour ses effets sur l'appareil génital féminin, surtout si elle s'associe au *benjoin* (90).

La *sauge* (108) en brûle-parfums complètera le tout et fera régner l'ambiance idéale à la venue au monde de l'enfant attendu.

Le meilleur moment est le *premier quartier.*

## 3) L'application :

*d'après Raphaël*

Sainte **Marguerite** (152), qui vainquit le dragon d'un signe de croix, sera la plus compétente pour distribuer un peu de son courage. Les douleurs de l'enfantement seront mieux supportées.

### La neuvaine :

Sans oublier de vous signer avec l'*eau bénite.*

1) Récitation d'un *Chapelet* (193).
2) **Trois** *Invocations* à sainte Marguerite (152).
3) La *Prière du soir* (174).
Et la *Litanie à la Sainte Vierge* (121).

# Les femmes seules et les filles à marier

*C'était une jeune fille d'aujourd'hui, c'est à dire à peu près un jeune homme d'hier.* Paul Morand

## 1) La préparation :

Il est recommandé de ne pas poser les défenses extérieures, mais tous les moyens doivent être mis en œuvre pour attirer et garder l'homme convoité.

Poser des *pierres et cristaux* : la *turquoise* (58), l'*agate* (59), la *citrine* (61), le *grenat* (59), sur vos différents *chakras* (13) pendant quelques instants.

Et ce n'est pas terminé, car vous y joindrez les

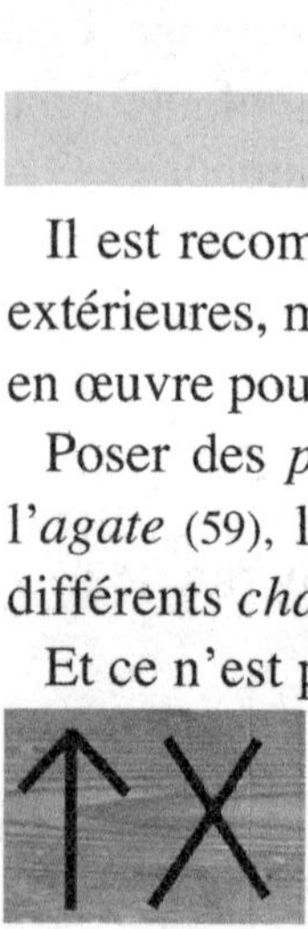

*runes tiwaz* et *gebo* (71) sur leur planchette de bois enfouie dans une de vos poches.

Le *pantacle de Vénus* (83), porté comme un bijou ou dessiné sur un parchemin, convient parfaitement.

## 2) La planification :

Dans les *encens*, l'*oliban* (95) sera additionné au *benjoin* (90).

L'*héliothrope* (104), le *lentisque* (105) et la *rose* (107) charmeront celui que vous convoitez en les brûlant dans le brûle-parfums.

Période favorable, la *nouvelle lune*.

## 3) L'application :

Sainte **Catherine** (133) sera, et ce n'est guère une surprise, votre meilleure ambassadrice qui intercèdera au mieux de votre intérêt.

### La neuvaine :

Sans oublier de vous signer avec l'*eau bénite*.

1) Récitation d'un *Chapelet* (193).
2) **Trois** *Invocations* à sainte Catherine (133).
3) La *Prière du soir* (174).

Et la *Litanie à la Sainte Vierge* (121).

## L'impuissance masculine

*L'archevêque et son parti déclarèrent le roi impuissant dans le temps qu'il était entouré de maîtresses.* Voltaire

### 1) La préparation :

Serait-il possible qu'un mauvais sort ait été jeté sur le malheureux ? Dans cette hypothèse, utiliser les défenses extérieures : soit le *sel,* soit les *sceaux de Salomon.*

Pour les *pierres et cristaux,* la *hyacinthe* (62), le *grenat* (59) et la *chrysolite* (61) correspondent bien et l'intéressé devrait en poser sur les *chakras* (13) (*cœur, solaire, sacré*) et profiter de leurs qualités.

Les *runes uruz* (70) et *mannaz* (72) l'y aideront.

Enfin, le *pantacle de Mars* (82) finira cet ensemble qui rendra tout possible.

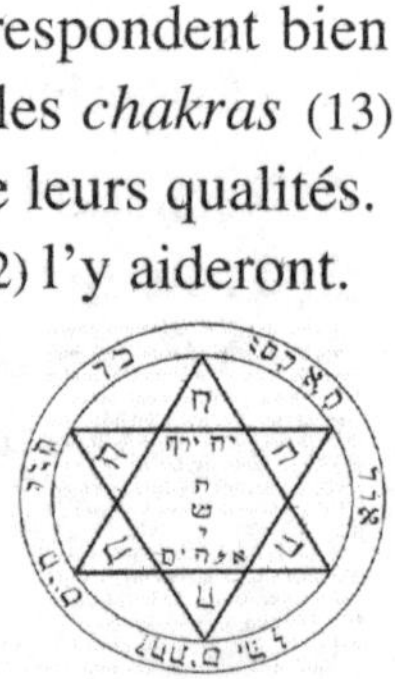

## 2) La planification :

L'*opopanax* (95) allié au *benjoin* (90), auxquels on joindra les *huiles essentielles* telles que l'*armoise* (99) et l'*estragon* (102), créeront l'ambiance.

Le moment favorable : le *premier quartier*.

## 3) L'application :

Saint **Luc** (151) soutient ceux qui ont cette difficulté.

Médecin, il est apte à tout guérir, surtout les problèmes dont on ne cause pas.

Et, comme souvent, celui-ci en fait partie ; mais le saint interviendra et remettra tout en ordre de marche.

*d'après Jacopo Chimenti da Sinpoli*

### La neuvaine :

Sans oublier de vous signer avec l'*eau bénite*.

1) Récitation d'un *Chapelet* (193).

2) **Trois** *Invocations* à saint Luc (151).

3) La *Prière du soir* (174).

Et la *Litanie à tous les Saints* (170).

# L'insomnie

*Un peu d'insomnie n'est pas inutile*
*pour apprécier le sommeil.* Proust

## 1) La préparation :

Au cas où l'insomnie serait provoquée par des *ondes négatives,* installer les défenses extérieures, le *sel* ou les *sceaux de Salomon* (28 ou 34), plus la *croix de la porte* (75).

Mettre, soit une *opale* (58), une *tourmaline* (56), ou un *lapis-lazuli* (56) à un doigt ou sur un *chakra*.

Les *runes jeta* et *sowilo* (71) dévieront les *ondes négatives*, *wunjo* agira sur le moral. Un grand pas sera déjà fait.

On ajoutera le *pantacle de Mars* (82) pour être prêt(e).

## 2) La planification :

Dans l'encensoir, le *copal* et la *gomme arabique* (93) ajoutés au *benjoin* (90) stopperont les *ondes négatives.*

Les *huiles essentielles* : la *bergamote* (100) et l'*eucalyptus* (102) rendront l'envie de dormir.

Le bon moment sera la *pleine lune*.

## 3) L'application :

La bienheureuse **Marie du Secours** (153) est une représentation de la Sainte Vierge portant son enfant.

Son intercession sera efficace et le sommeil reviendra.

### La neuvaine :

Sans oublier de vous signer avec l'*eau bénite.*

1) Récitation d'un *Chapelet* (193).

2) **Trois** *Invocations* à la Bienheureuse Marie du Secours (153).

3) La *Prière du soir* (174).

Et la *Litanie à la Vierge Marie* (121).

# La malchance

*Il y a, dans tout échec humain, une part de malchance.*
Anonyme

## 1) La préparation :

Au cas où votre poisse serait provoquée par des *ondes négatives,* installer les défenses extérieures, le *sel* ou les *sceaux de Salomon* (28 ou 34), plus la *croix de la porte* (75).

Une *pierre* est à porter sur soi en permanence : l'*ambre* (60), qui est un vecteur de chance.

La *rune eoh* (71) offre la même opportunité.

Plus la *corne d'abondance* (86), et le *delta* (85) qui provoquent enfin la fortune !

Avec ça, vous serez à l'abri pour longtemps.

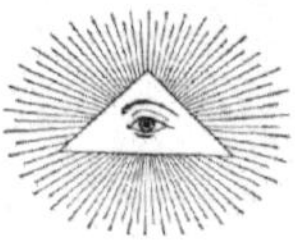

## 2) La planification :

La *cannelle* (92) dans l'encensoir accélèrera le processus, mais les *huiles essentielles* auront plus d'effet : le *camélia* (100), la *camomille* (101) et le *genévrier* (103) seront là pour vous porter chance.

La *lune* à son *dernier quartier.* 

## 3) L'application :

*Saint Michel terrassant le dragon, d'après Raphaël*

Pour retrouver la chance perdue, pour chasser cette déveine qui vous persécute continûment, saint **Michel** (155) sera le mieux placé ; il en a terrassé d'autres !

L'invoquer en se mettant sous sa protection est la meilleure des alternatives.

### La neuvaine :

Sans oublier de vous signer avec l'*eau bénite.*

1) Récitation d'un *Chapelet* (193).
2) **Trois** *Invocations* à saint Michel (155).
3) La *Prière du soir* (174).

Et les *Actes d'espérance* et *de foi* (173).

# Les maléfices, les démons

*Il est des gens dont l'approche équivaut*
*à tous les maléfices*. Victor Segalen

*Le démon ne peut rien sur la volonté, très peu sur*
*l'intelligence, et tout sur l'imagination.* Huysmans

## 1) La préparation :

Attaque extérieure typique, il faut les empêcher d'entrer : le *sel* **ou** les *sceaux de Salomon* sont de circonstance (28 ou 34).

La *croix de la porte* (75) se justifie tout autant.

Mais ce ne sont que défenses passives ; il faut une réaction active importante.

Beaucoup de *pierres et cristaux* sont aptes à ce genre de service : l'*améthiste* (57), l'*opale* (58), la *labradorite* (63), la *cornaline* (60), l'*amazonite* (60) et l'*oeil de tigre* (58), à porter en bijou ou sur le *chakra solaire* (13).

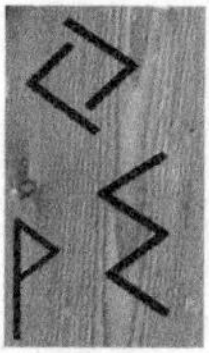

Les *runes* : *jeta, sowilo* et *wunjo* (71).
Le *pantacle de Mercure* (82) fermera la marche.

Pour agir, il faut choisir un jour de *nouvelle lune*.

## 2) La planification :

Le *benjoin* sera associé au *copal*, au *galbanum* et à la *gomme arabique* (93).

L'*iris* (104), la *lavande* (105) et l'*origan* (106) se lieront aux autres pour compléter la défense.

## 3) L'application :

Saint **Benoît** (132) et saint **Cybard** (135)

sont les mieux placés par leurs sacrifices pour vous aider contre les maléfices et les démons.

### La neuvaine :

Sans oublier de vous signer avec l'*eau bénite*.

1) Récitation d'un *Chapelet* (193).
2) **Trois** *Invocations* à saint Benoît (132) ou à saint Cybard (135), ou aux deux.
3) La *Prière du soir* (174).
Et les *Actes d'espérance* et *de foi* (173).

# Le mariage

*Le mariage d'âmes doit exister avant la noce, pour continuer après et augmenter de plus en plus.* Michelet

## 1) La préparation :

Les défenses extérieures peuvent s'avérer utiles contre une mauvaise influence ; ne pas hésiter à les placer toutes (28 ou 34, et 75).

Les *pierres et cristaux* ont leur importance :

La *topaze* (57), la *turquoise* (58), l'*aventurine,* la *citrine* (61) et la *pierre de lune* (64), sur le *chakra du cœur* (13), soutiennent l'amour du couple.

Les *runes tiwaz* et *gebo* (71) ajoutent leurs bienfaits permanents.

La *croix ankh,* ou *croix de vie* (76) et le *pantacle de Vénus* (83) accorderont les époux pour la vie.

## 2) La planification :

Le *pin sylvestre* (96) sera un allié du *benjoin* dans l'encensoir. Le *bouleau* (100), l'*estragon* (102), le *géranium* (103), la *lavande* (105), le *lentisque* (105), la *rose* (107), le *santal* (108) et la *violette* (109), sont autant d'*huiles essentielles* dont il faut profiter.

Bien évidemment, choisir la *pleine lune.*

## 3) L'application :

Saint **Joseph** (148) fut le meilleur de tous les époux par son abnégation et son courage. C'est un modèle, et l'invoquer est la garantie du succès.

### La neuvaine :

Sans oublier de vous signer avec l'*eau bénite.*

1) Récitation d'un *Chapelet* (193).
2) **Trois** *Invocations* à saint Joseph (149).
3) La *Prière du soir* (174).

Et la *Litanie à la Vierge Marie* (121).

# La mémoire

*Tout le monde se plaint de sa mémoire et personne ne se plaint de son jugement.* La Rochefoucauld

## 1) La préparation :

Les défenses extérieures ne sont pas nécessaires, mais on peut les poser si on le juge préférable.

Dans les *pierres et cristaux,* on doit se munir d'une *pyrite* (64) spécialisée dans la protection de la mémoire ; y joindre une *opale* (58) et une belle *malachite* (63) posées par intermittences sur le *chakra crânien,* ou du *3e œil* , ou de la *gorge* (13).

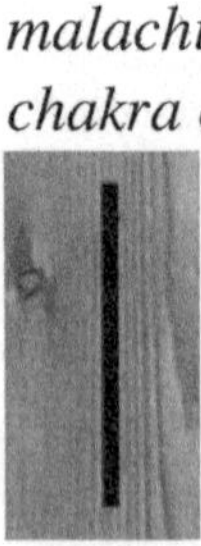

La *rune isa* (71) sera le bon complément. Le *pantacle de la Trinité* (79) ouvrira la porte des souvenirs enfuis et fera le retour en arrière.

## 2) La planification :

Un peu de *myrrhe* (94) dans le *benjoin* donnera à l'encens toute sa puissance.

Dans les *huiles essentielles,* on adopte le *basilic* (99) le *cyprès* (102), et la *myrthe* (106) à l'efficacité reconnue.

Le *premier quartier* est conseillé.

## 2) L'application :

*La lapidation d'Étienne, d'après Mariani*

Saint **Étienne** (138), très croyant, fut lapidé par les pharisiens. Son soutien dans l'adversité est toujours d'un grand et utile réconfort.

### La neuvaine :

Sans oublier de vous signer avec l'*eau bénite.*

1) Récitation d'un *Chapelet* (193).

2) **Trois** *Invocations* à saint Étienne (138).

3) La *Prière du soir* (174).

Et la *Litanie à Jésus* (119).

# L'objet perdu

*Ce qui reste finit par nous rendre ce qu'on a perdu.*
Henri Bosco

## 1) La préparation :

Nous voici devant un cas très particulier dont la cause, s'il s'agit d'un objet usuel, est provoquée le plus souvent par une simple distraction.

La meilleure arme sera la persévérance dans les recherches, en s'aidant de quelques artifices :

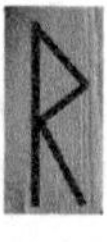

La *malachite* (63) est un bon support.

La *rune raïdo* (70) peut contribuer.

Le *pantacle de la chance* (81) et le *delta* (85) ont

aussi de bonnes dispositions pour tout trouver.

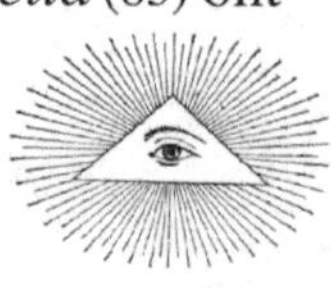

## 2) La planification :

Dans le même esprit, l'encens le plus efficace sera la *cannelle* (92), associée au *benjoin* (90).

Les huiles essentielles disposent du *gingembre* (103) et du *camélia* (100) réputés pour activer une recherche.

Ne pas attendre une *lune* favorable.

## 3) L'application :

Un sujet pour lequel il est inutile de présenter le saint que le monde entier prie et supplie dans le but ultime de retrouver les objets perdus :

Saint **Antoine de Padoue** (128) que nous avons déjà sollicité pour *rechercher un domicile* (230).

*d'après Frey Carlos*

### La neuvaine :

Sans oublier de vous signer avec l'*eau bénite.*

1) Récitation d'un *Chapelet* (193).

2) **3** *Invocations* à saint Antoine de Padoue (138).

3) La *Prière du soir* (174).

Et la *Litanie à tous les Saints* (170).

## La peur

*Maigre comme le poète Philétas de Cos qui, dit-on, s'attachait des boules de plomb aux jambes de peur d'être emporté par le vent.* Deschanel

### 1) La préparation :

Inutile de lui fermer nos portes, elle entrera.

Tout juste pouvons-nous réfréner son ardeur : la *tourmaline* (56), l'*améthyste* (57), l'*opale* (58), les *grenats* (59), et surtout la *calcédoine* (61) pourront nous rassurer en les portant à tour de rôle sur le *chakra du cœur* ou *solaire* (13).

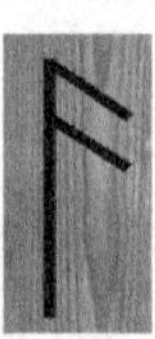

La *rune ansuz* (70) redonnera confiance. Et la *croix ankh, croix de vie* (76) rendra du courage, ce qui manquait le plus...

## 2) La planification :

Pour la même raison, le *pin sylvestre* (92) avec le *benjoin* (90) pour les encens et la *bergamotte* (100), la *mandarine* (105), le *citrus* (107) et le *ylang-ylang* (109) pour les huiles, aideront à passer le cap.

La *pleine lune* sera favorable.

## 3) L'application :

Saint Paul à Éphèse, d'après Le Sueur

d'après Murillo

Deux saints vous aideront : **Paul** (157) et **Élisabeth** (136) ; ils vont intercéder pour vous et votre famille ; lui qui fut un vaillant soldat, elle qui se chargea de soigner bien des misères de son époque peu charitable.

### La neuvaine :

Sans oublier de vous signer avec l'*eau bénite.*

1) Récitation d'un *Chapelet* (193).
2) **3** *Invocations* à saint Paul (157) ou à sainte Élisabeth (136), ou aux deux.
3) La *Prière du soir* (174).

Et la *Litanie à tous les Saints* (170).

## La pluie

*Ô bruit doux de la pluie ! Par terre et sur les toits...*
Verlaine

### 1) La préparation :

La pluie, toujours redoutée, soit parce qu'il en tombe trop, soit parce que c'est la sécheresse.

Cette fois, nous désirons la voir tomber pour le bien de nos cultures.

Les *pierres et cristaux* comme la *chrysolite*, le *péridot*, l'*olivine*, la *serpentine* (61) portés sur le *chakra sacré* (13) peuvent provoquer l'averse.

La *rune lagoz* (72) le peut aussi.

En Inde, on invoque le *Brahma* (85) contre la sécheresse et entre les moussons.

## 2) La planification :

Le *camphre* (92) ajouté au *benjoin* (90) en encens et le *petit grain* ou *citrus* avec le *romarin* (107), en huiles essentielles feront arriver les nuages.

Choisir la période de la *nouvelle lune*.

## 3) L'application :

Saint **Maxe** (154) et saint **Rémi** (163) sont habitués à se servir de l'eau puisqu'ils ont baptisé les grands. Les invoquer est une chose naturelle si c'est pour la faire tomber.

### La neuvaine :

Sans oublier de vous signer avec l'*eau bénite*.

1) Récitation d'un *Chapelet* (193).

2) **3** *Invocations* à saint Maxe (154) ou à saint Rémi (163), ou aux deux.

3) La *Prière du soir* (174).

Et la *Litanie à tous les Saints* (170).

# La rupture

*On a bien de la peine à rompre quand on ne s'aime plus.* La Rochefoucauld

## 1) La préparation :

Si les motifs de rupture sont d'origine extérieure, on peut se protéger avec le *sel* (28) ou les *sceaux de Salomon* (34) et la *croix de la porte* (75).

La *topaze*, le *cristal de roche* (57), l'*aventurine*, la *turquoise* (58), l'*agate* (59) et la *chrysocole* (61), portés sur le *chakra du cœur* (13) faciliteront des retrouvailles attendrissantes. Les *runes tiwaz* (71)

et *berkannoz* (72) se mettront en quatre et le *pantacle du couple* (81) suivra l'exemple.

## 2) La planification :

L'*oliban* et l'*opopanax* (95) seront associés au *benjoin* (90) dans les encens.

Le *bouleau* (100), le *chèvrefeuille,* le *cumin* (101), l'*estragon* (102), l'*héliothrope* (104), la *lavande,* le *lentisque* (105), la *rose* (107), le *santal* (108), et la *violette* (109) dans les huiles mélangées.

Le moment favorable : la *pleine lune*.

## 3) L'application :

Deux saints sont prêts à vous aider : **Gérard** (145) et **Joseph** (148).

*d'après Le Guerchin*

Ils ont eu des vies accomplies et parfaitement rempli leur mission.

### La neuvaine :

Sans oublier de vous signer avec l'*eau bénite.*

1) Récitation d'un *Chapelet* (193).

2) **3** *Invocations* à saint Gérard (145) ou à saint Joseph (148), ou aux deux.

3) La *Prière du soir* (174).

Et la *Litanie à tous les Saints* (170).

# La stérilité

*C'était une opprobre à une femme mariée d'être stérile ; on regardait ce malheur comme une malédiction de Dieu.*

Fleury

## 1) La préparation :

Les protections extérieures ne sont pas en cause.

Par contre, les *pierres et cristaux* peuvent être bénéfiques : la *topaze,* l'*améthyste,* le *cristal de roche* (57), l'*aventurine,* l'*opale,* la *turquoise* (58) et la *chrysoprase* (60), contribueront en les posant à tour de rôle sur le *chakra sacré* (13).

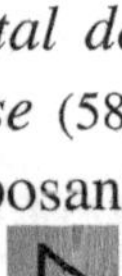

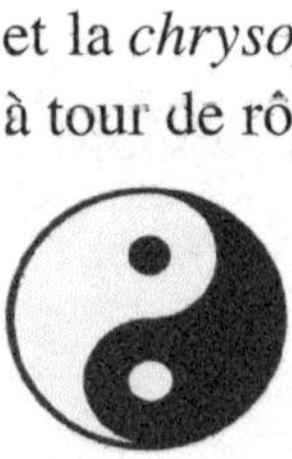

La *rune lagoz* (72) vous soutiendra. Le *Ying-yang* (86) et le *pantacle de Vénus* (83) feront le reste.

## 2) La planification :

Il serait bon de rester dans une atmosphère de senteurs : le *copal* (93) et la *myrrhe* (94), associés au *benjoin* (90), répandront leurs bienfaits.

L'*armoise,* le *basilic* (99), le *géranium* (103) et la *sauge* (108) ajoutés au *ylang-ylang* (109) donneront la sérénité voulue.

Le bon moment sera celui de la *pleine lune*.

## 3) L'application :

*Sainte Anne et la Vierge Marie, sculpture XVIe*

Deux saintes :
**Anne** (126) et
**Marguerite** (152)
se dévoueront
pour vous donner
la possibilité de
procréer.

*d'après Raphaël*

### La neuvaine :

Sans oublier de vous signer avec l'*eau bénite.*

1) Récitation d'un *Chapelet* (193).

2) **3** *Invocations* à sainte Anne (126) ou à sainte Marguerite (152), ou aux deux.

3) La *Prière du soir* (174).

Et la *Litanie de la Sainte Vierge* (121).

# La tromperie, le mensonge

*Oui, je t'ai trompé... C'est pour ça que je t'aime.* Achard
*On n'est jamais trompé par celles qu'on voudrait.* Guitry
*Le mensonge est la religion des esclaves et des patrons.* Gorky

## 1) La préparation :

Le mensonge et la tromperie peuvent provenir de l'extérieur : il faut mettre en place les défenses, le *sel* (28) **ou** les *sceaux de Salomon* (34).

La *topaze bleue*, l'*améthyste* (57) et la *pierre de lune* (64), posées par intermittence sur le *chakra du cœur* (13) aident à retrouver la confiance.

Les *runes kenaz* et *wunjo* (70-71) donnent la foi en l'avenir.

Le *pantacle de Saturne* (83) rend la joie de vivre et fait retrouver le sommeil.

## 2) La planification :

S'il y a confrontation entre les contradicteurs, il faut qu'elle ait lieu dans une bonne ambiance :

Les encens : la *myrrhe* (94), l'*oliban,* l'*opopanax* (95) y pourvoieront en alternance avec les huiles : le *cumin* surtout (101), l'*aloès,* le *basilic* (99), le *gingembre* (103), l'*héliothrope,* l'*iris* (104) et aussi le *santal* (108).

Tous les moments seront favorables...

## 3) L'application :

Saint **Jacques le Majeur** (146) fut un des principaux disciples de Jésus-Christ. Il était le frère de Jean et associé de Pierre pour la pêche sur le lac de Tibériade.

Il est particulièrement vénéré à Compostelle.

d'après
Le Greco

**La neuvaine :**

Sans oublier de vous signer avec l'*eau bénite.*

1) Récitation d'un *Chapelet* (193).

2) **Trois** *Invocations* à saint Jacques (146).

3) La *Prière du soir* (174).

Et la *Prière de Saint François d'Assise* (173).

## Les vols et les voleurs

*Pour le pauvre, le vol n'est plus ni un délit, ni un crime, mais une vengeance.* Balzac

Quand le voleur n'est pas un professionnel...

### 1) La préparation :

C'est le moment de fermer les écoutilles : le *sel* (28) **ou** les *sceaux de Salomon* (34), plus la *croix de la porte* (75). Quand on a ce genre de crainte, les *pierres et les cristaux* sont dans un coffre ; mais imaginons que vous en gardiez une : ce serait la *sardoine* (61) qui fait s'enfuir le malandrin.

Les *runes jeta* et *sowilo* (71) protègeront votre entrée et *wunjo* votre moral.

Le *pantacle d'Agrippa* (81) les renforcera.

## 2) La planification :

Faire brûler dans l'encensoir du *benjoin* (90) et du *galbanum,* de la *gomme arabique* (93) et du *storax* ou *liquidambar* (98).

Ou, dans le brûle-parfums, l'*eucalyptus* (102), la *lavande* (105), le *niaouli* et l'*origan* (106).

La période : tout le temps.

## 3) L'application :

Saint **Vincent** (167) était un martyr de sa foi qui n'abjura jamais, même sous les pires tortures.

Son intercession sera favorable et les malfaiteurs abandonneront leur projet.

### La neuvaine :

Sans oublier de vous signer avec l'*eau bénite.*

1) Récitation d'un *Chapelet* (193).

2) **Trois** *Invocations* à saint Vincent (167).

3) La *Prière du soir* (174).

Et l'*Acte d'espérance* (173).

# Conclusion

Quelle leçon peut-on tirer de tout ce qui précède si ce n'est que la Foi avec un grand F fait soulever les montagnes ?

La Foi en Dieu, pour commencer.

Mais l'être humain est ainsi fait qu'il lui faut du concret ! Il a besoin de supports terrestres.

C'est pourquoi il a créé, depuis les temps les plus reculés, des supports talismaniques tels que nous les avons largement utilisés : le sel, le sceau de Salomon, les runes, les pierres et cristaux, les pantacles, les encens, les huiles essentielles...

Nous avons effleuré la pyramide et la lune, nous avons survolé le Feng-shui.

Chaque civilisation ayant les siens, on pourrait en discourir à n'en plus finir.

Contentons-nous des nôtres.

Dieu observe surtout notre bonne Foi.

# Index alphabétique

## 41 SAINTS ET SAINTES :



Achevé d'imprimer en septembre 2012
sur les presses de la Nouvelle Imprimerie Laballery – 58500 Clamecy
Dépôt légal : septembre 2012 N° d'impression : 209095
*Imprimé en France*

La Nouvelle Imprimerie Laballery est titulaire de la marque Imprim'Vert®